古代美術史研究

二 編

第11冊

美術考古學語境下的唐代石槨研究（下）

李 杰 著

花木蘭文化出版社

國家圖書館出版品預行編目資料

美術考古學語境下的唐代石槨研究（下）／李杰 著 — 初版 —
新北市：花木蘭文化出版社，2017〔民 106〕
目 4+162 面；19×26 公分
（古代美術史研究 二編；第 11 冊）
ISBN 978-986-404-969-1（精裝）
1. 文物研究
618 106001494

古代美術史研究
二 編 第十一冊 ISBN：978-986-404-969-1

美術考古學語境下的唐代石槨研究（下）

作 者 李 杰
總 編 輯 杜潔祥
副總編輯 楊嘉樂
編 輯 許郁翎、王筑 美術編輯 陳逸婷
出 版 花木蘭文化出版社
社 長 高小娟
聯絡地址 235 新北市中和區中安街七二號十三樓
電話：02-2923-1455／傳眞：02-2923-1452
網 址 http://www.huamulan.tw 信箱 hml 810518@gmail.com
印 刷 普羅文化出版廣告事業
初 版 2017 年 3 月
全書字數 263907 字
定 價 二編 28 冊（精裝）新台幣 75,000 元

美術考古學語境下的唐代石槨研究（下）

李杰 著

目次

上冊

下 冊

第五章　技法與觀念

第一節　從現實形象向繪畫造型的轉換

就視覺感知而言，現實物體存在於物理、空間、光學等自然環境之下，光影的條件反應無時不籠罩著人的視覺。人的視覺感知直觀反映於繪畫當中，理應遵循這些「自然」條件，就如西方「理性」造型觀念。然而，當我們觀看中國傳統繪畫時，會產生一種強烈的落差感，畫面中的人物形象好像並沒有受到客觀理性限制。人們既能理解畫面中所顯現的形象，卻又無法將其與客觀物象直接對應。

與其說中國傳統繪畫是描寫自然，還不如說中國古代藝術家是利用繪畫來塑造人的主觀哲學觀念。從藝術發展規律來看，中國以線塑形的繪畫形式發展至今，並不是必然的結果，因爲，早期人類以輪廓塑形的概括性繪畫實踐，一旦發展到可以利用各種技術手段自如表現對象的時候，這種以線塑形的觀念自然就會解體。〔註 1〕但是，中國繪畫畫不但沒有對這種人類早期的「稚嫩性」表現方式有所動搖，反而通過在技法和理論上的深化，更加鞏固了這種「以線造型」的表現觀念。

那麼，中國傳統畫家是利用什麼手段來擺脫客觀存在的現實光線對畫中人、物表現的禁錮？在中國傳統造型技法中的一句口訣揭示了其中奧秘——「畫陽不畫陰」。並因此跳出了客觀物象對繪畫造型的理性制約，爲畫家提供了恣意傳達主觀思想的無限空間，這也就是傳統中國繪畫「以形寫神」理念

〔註 1〕 張強，《中國人物畫學》，河南美術出版社，2005 年 2 月，87 頁。

的實踐基礎。

中國原始繪畫平面表現已具有了一定意義上的符號性質，即用一種自身創造的意識形態來代替現實實體，它不但具備了一定的普識性表意共識，也是人的主觀意識飛躍。〔註2〕在之後的秦漢人物繪畫中，這種中國特有的比象觀念，非常易見。

（圖 5-1-1）程序的形成因素

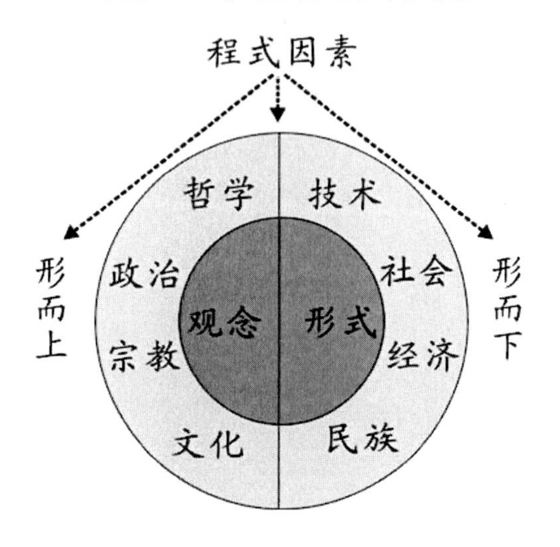

藝術形式的發展必然受到階段性歷史的局限，從一個看似簡單的藝術程序的表象及技法形式中，可以反映出當時社會的宗教、經濟、哲學、物質基礎等歷史現象。也就是說，技法程序中顯現著各種觀念的影子，包含著各種社會觀念作用下的普識性社會審美傾向。（圖 5-1-1）當我們在將中國繪畫放在整個世界繪畫體系中來看待時，就會發現，東西方早期繪畫在形態體現上非常相像，幾乎都是以輪廓線來進行塑形。拋開其各自文化屬性，單從造型本體而言，人類早前的繪畫，無論是塑型手段或繪製技法都有著極其相似的共性，即使將兩者調換位置，放在其它文化屬性的地區，也幾乎可以與當地的繪畫相融。例如，將古埃及（前 32 世紀～前 343 年）壁畫與漢代（前 202 年～220 年）的畫像石相較，可以看出不論從造型形式或構圖方式都反映出相似的效果。

隨著東西方各自的哲學觀念的發展，西方的理性思維方式逐步灌輸於藝術之中，使得西方繪畫以「客觀」方法尋求與自然的對接，形成了以模擬現實爲標準的西方繪畫觀念。與此同時，對於藝術中直觀模擬現實實體，中國早期也不落後於西方，以秦兵馬俑與古羅馬的雕塑相較，顯見其理性塑型水平基本相當。然而，爲什麼中國人物造型形態在此之後卻與西方走了截然不同的兩條道路？

新石器時期先民所創造的符號，即便是與文字的產生無關，但肯定具有

〔註 2〕張幼萍，《從符號學角度淺談史前藝術的意義和作用》，《陝西歷史博物館館刊》第 9 輯，257 頁。

視覺上的涵義所指。這是基於人們普識性的認同前提下的識別需求所決定的圖繪製作，同時，圖像製造與圖像識別的交流模式也就建立了起來。〔註3〕

無論何種人類早期的藝術表現形式，都以能體現出所要表現的特定物象的準確形態爲能事。由於東西方各自的對繪畫造型的觀念上的差異，使得在對現實物象的理解上也產生了差別，並直接表現在各自的繪畫塑形表現形式上。如果我們將東西方繪畫放在一條平行線上來看，從純視覺的角度，西方繪畫明顯更接近於現實物象，而東方繪畫則在畫面的整體效果上，更加具有組織性的韻律感及形式感。這種平面形式的差異，主要是以各自社會哲學觀念及世界觀的不同所顯現的區別。

西方哲人們把對美的追求具體化爲再現與現實的統一，古希臘最早的畢達哥拉斯哲學學派認爲「數」是萬物之源，事物的存在就是數理的存在，美就是數的和諧。〔註4〕蘇格拉底亦認爲美的本質既是美的理式，人體美也同樣取決於不同數之間的比例和諧。柏拉圖在對「理式」的理解基礎上又提出了藝術再現理論（藝術是對模仿物的再模仿），其後的亞里士多德則更加直白的認爲一切藝術實際上就是模仿。〔註5〕從以上觀念中可以看出，西方藝術側重於對現實物理現象的再現。而中國人物畫從魏晉伊始，其創作觀念已由追求「形似」逐步向「神似」轉化，並不一味追求對現實物象的形似，而是在畫面中增加了更多的人文因素，表達更多的是一種觀念和意識。其作畫過程實質上是對既有傳統觀念進行闡釋的過程，並以此尋求對世間萬物的感悟——「託象以明義、因小以喻大」。

中國古代繪畫有著非常厚實的哲學背景，西漢劉安在《說山訓》中說：

> 畫西施之面，美而不可說，規孟賁之目，大而不可畏，君形者亡矣。〔註6〕

周寅初先生解「君形者」爲「主宰形體的，指精神和生氣。」〔註7〕《韓非子》

〔註3〕雷子人，《國畫演進——文化情態、空間及圖式》，四川出版社、四川美術出版社，2006年10月，218頁。

〔註4〕周琳麗，《中西美術審美差異及原因淺析》，《大眾科學》，2007年第12期，190頁。

〔註5〕以上西方論點見於：阿斯木斯（Acmyc），《古代思想家論藝術》，1937年，莫斯科。

〔註6〕（漢）劉安，何寧編釋，《淮南子集釋》，下冊，卷十六，說山訓，中華書局，2004年12月。

〔註7〕周積寅，《中國畫論輯要》，增訂本，江蘇美術出版社，2005年7月，195頁。

中的「畫馬和畫鬼魅誰難誰易」問題，〔註 8〕也可說是形神論的早期闡釋。

在中國畫論的思想體系中，一直有著一個貫穿始終的哲學線索，即《易傳》中的以內外、物我，主客相分的二元論世界觀，陰陽二元是貫穿萬物萬事最牢固的起源體系，中國傳統繪畫中的形式特點、空間構成，虛實明暗乃至作品中的數與量的評定，都是由二元論觀點所決定。

在中國早期觀念中，繪畫的定義不單單是一種簡單造型形式，它也承載了與《易》同等性質的人文哲學信息。南朝顏延之就曾說：

> 以圖畫非止藝行，成當與《易》象同體。〔註 9〕

北宋郭若虛也曾語：

> 《易》稱「聖人有以見天下之賾，而擬諸其形容，象其物宜，是故謂之象。」又曰：「象也者，像此者也。」〔註 10〕

《易傳》對於晉、唐畫論的影響是全方位的。從某種意義上講，《易傳》也是古代哲學觀念對整個中國繪畫思想體系影響的縮影。《易傳》中亦把卦形與物象等同起來，卦象組合亦可代表宇宙萬物，《繫辭》云：「八卦成列，象在其中矣！」、「兩卦相重而卦象成，卦象，物之象，象有『群』義。」而易經占卜中的數與宇宙原則以及哲學與宗教認識，也在中國繪畫線形分佈的數量與數比的美學規範中體現出來。唐代畫論中「外師造化，中得心源」的繪畫思想，亦是《易傳》《繫辭》中「比德」、「比象」思想的顯現。〔註 11〕

以長短不同線條組成的卦象規律是中國古代哲學觀念中，對物象重新理解後的一種表現形式。中國古代繪畫以線造型的觀念亦可追溯至易經卦象線形排列的節奏感上，卦象中完整和斷裂的橫線所組成的三線形或六線形，在繪畫中要麼直接作爲造型功能，要麼將其作爲眾多圖形的結構基礎。

中國早期繪畫是在巫術及宗教的限定下，在作畫前首先設定了「通神」的意象形式感，並在哲學觀念影射下利用類似於卦象中長短相間的韻律線形，來對應現實物象。通過這種對現實物象加以自我闡釋的表現，從而使得，

〔註 8〕（戰國）韓非，《韓非子》。參見李來源、林木編，《中國畫論發展史實》，上海人民美術出版社，1997 年 4 月，7 頁。

〔註 9〕周積寅，《中國畫論輯要》，增訂本，王微，《敘畫》，江蘇美術出版社，2005 年 7 月，9 頁。

〔註 10〕（宋）郭若虛，俞建華注，《圖畫見聞志》，卷第一，江蘇美術出版社，2007 年 8 月，2 頁。

〔註 11〕付中承，《〈易傳〉與唐代畫論》，《文藝研究》，2007 年第 7 期，154～155 頁。

畫面中的意象形態即相似於現實物體而又不同於現實。這種以對現實物象主觀闡釋的表現形態在經過長期規範，形成了社會對於具體物象的普識性認識，反之，這種認識亦制約著畫家在繪畫造型中的技法規範，使能指與所指達到統一。

中國傳統繪畫中最早形成規範的是人物造型，人的形體一方面是一種自然現象，另一方面它在社會中存在，與當時人們的理解態度有著直接關係。美國心理學家威廉・詹姆斯在論述神經系統與心理經驗時說，物質與非物質之間存在著等同的關係。〔註 12〕中國傳統相術亦認爲，人的外在表現與人的內在素質具有同一性。

相術是傳統方術的重要顯現，是中國古代社會人們認識常識的一種體現。相術採用的是定性的綜合規律觀察方式，根據人的各種體徵表現來確定人物的性格、命運。漢代王充在《論衡》中曰：

> 人有壽夭之相，亦有貧富貴賤之法，俱見於體。故壽命修短皆稟於天，骨法善惡皆觀於體。〔註 13〕

《潛夫論》曰：

> 人身體形貌，皆有象類；骨法角肉，各有分佈，以著性命之期，顯貴賤之表。〔註 14〕

相術所形成的普識性形象共識，亦反映於藝術造型之中。《孔子家語》載：

> 孔子觀乎明堂，睹四門墉，有堯、舜之容，桀、紂之像，而各有善惡之狀，興廢之誡焉。〔註 15〕

孔子在古帝王畫像中之所以能看出人的性格、善惡之狀，即是相法在人物畫中應用的實例。

相術的量化分析在人面部對應爲「眼相三分，天庭三分，地角三分，耳鼻嘴共一分等」，並據此將人的自然形態特徵進行類型化的形象歸納。中國古代藝術家正是依據這種社會共識，把類型化的現實人物轉化爲藝術化的視覺形態，創造出了各種典型的普識化人物造型，相術因此也就成爲塑造人物形

〔註 12〕參見（美）威廉・詹姆斯，李紅豔譯，《心理學原理》第六章，中國城市出版社，2003 年 2 月。

〔註 13〕黃暉譯，《論衡校釋》，中華書局，1990 年 2 月，46 頁。

〔註 14〕（東漢）王符，《潛夫論》，相列篇。

〔註 15〕李來源、林木編，《中國畫論發展史實》，孔子家語，觀周，上海人民美術出版社，1997 年 4 月，3 頁。

象的一種重要理論參照。

這種類型化的視覺形態並不是對知覺對象本身的直觀翻版，而是由造型中具有明顯傾向性的典型化特徵，與觀者神經系統中的類型性社會經驗相切合所形成的普識性平面造型。與觀者的感知和心理產生共鳴，體現出藝術造型「視覺力中的表現性含義」。〔註 16〕

簡單而言，中國傳統人物畫既是以集體意識下哲學觀念附加於造型之中，以普識性社會人物的定型形態，創造出了人物造型類型化的性格區分法則及審美定式。它並不是一種簡單的說明式對照，更是一種哲學思維的轉換形式。在這種以哲學觀念指揮下的造型，給主觀性極強的中國線形塑形方法加入了思維方式上的控制，使得自然形態中的各種偶然現象統一成一種必然規律，再通過長期的固化、整合，形成了傳統造型的穩定模式，形成了中國傳統繪畫中所特有的塑形程序。

這種「程序」並不是一成不變的，它是一種動態的模式，隨時間的推移、觀念的轉變而變化。從現有歷史圖像資料來看，在基本同一時段的平面作品中，都有著許多明顯同一的形式特徵因素，這些因素之所以能在其時流行，必然符合了這一時期的大眾審美要求。縱觀中國古代平面人物塑形程序，可以劃分爲三大部分，其一，魏晉以前的以線形秩序爲特性的「概念化」造型程序；其二，唐之後的以線形體現人體結構的「眞實化」造型程序；其三，主觀意識提升所形成的意象表現程序。這三種程序相互交錯，並沒有明顯的界限劃分，你中有我，我中有你。

中國傳統繪畫被賦予了更多的使命感，造型的形式之中注入了更多的精神意義、生命意義及情感意義，〔註 17〕在對現實物象的感性轉譯中，更加注重重構的畫面感受及繪畫形式的表現力，追求一種神來之筆的藝術形象。如果說西方古代繪畫是一種再現的理性形式，那麼，中國的傳統人物畫則更多是體現出強烈的人文精神。

中國傳統畫家在作畫時，爲了使筆下的藝術形象更加具有鮮明的形態個性，有意識的將現實人物固有的統一與平衡打破，從新形成另一種與客觀人物偏離的組合形式，用以強化現實人物的本質特徵及精神特質。這種藝術化

〔註 16〕（美）魯道夫・阿恩海姆，滕守堯、朱疆源譯，《藝術與視知覺》，四川人民出版社，2006 年版，611 頁。

〔註 17〕劉清世，《繪畫中形的「偏離」》，《現代藝術與設計》，2005 年 1 月，總第 141 期，39 頁。

的人物形象與現實人物的差異，並不是無限度的濫用，而是在最能體現人物精神境界的前提下，互爲施用的結果。其目的是使畫家創造的藝術形象，比生活中常見的現實人物更加鮮明、更加典型及更具感染力。這種現實與表現的偏離，實質上是藝術家在現實與審美理想之間尋找的一個平衡點。

創造這個平衡點的手段之一，是極力還原現實物體的視覺本質，而這種本質就是物象在不受外在光線干預情況下的視覺「眞實」面貌。我們知道，在沒有光的情況下世界是一片黑暗，但將這個黑暗轉變爲白色，並分離出物體時，就會產生一個剪影式的物體輪廓。（圖 5-1-2）根據人的視覺經驗，一個物體在視覺上的存在是通過兩種方式產生，一種是通過強弱不同的光源照射下（包括單一光源），帶有明暗及投影的物體，（圖 5-1-3）另一種是在物體四周空間的各個角度分佈同等照度光源照射下的物體，這個物體既沒有明暗又沒有投影，但還是能夠讓人分辨出物體的基本形狀，只是這個物體的形態接近平面化，並極爲簡單，甚至簡化爲一條線的形式（圖 5-1-4）。這種假設的同等光源在現實中幾乎不可能存在，但人們還是可以推理出這種狀態。北宋蘇軾將這種推理的結果形象化的描寫出來：

（圖 5-1-2）無光源狀態與將黑暗轉化為白色後物體顯現為剪影

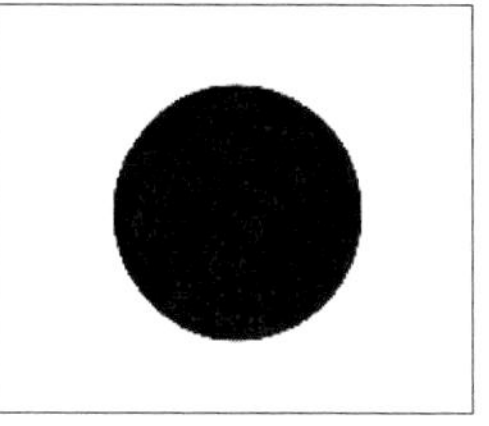

（圖 5-1-3）不同照度下的物體

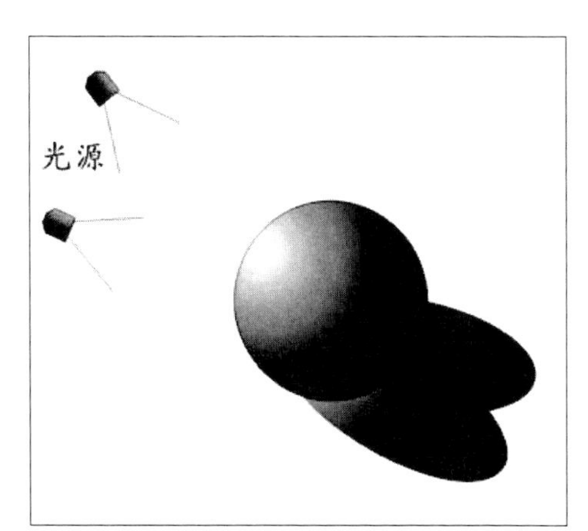

（圖 5-1-4）同等照度下的物體

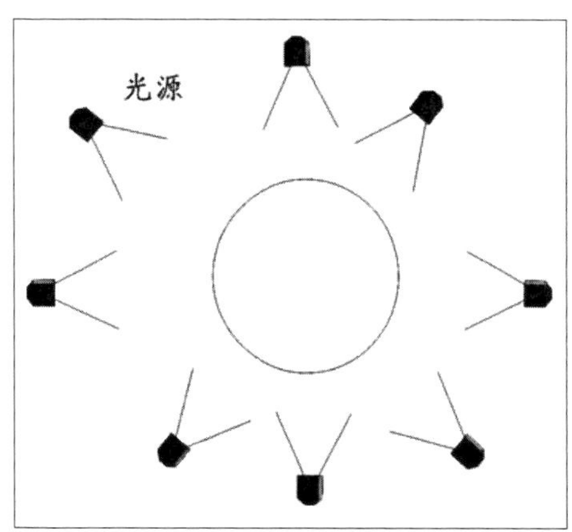

吾常於燈下自見頰影，使人就壁模之，不作眉目，見者皆失笑，知其爲吾也。……眉與鼻口，可以增減取似也。〔註18〕

可見，古代藝術家認爲只有這種去除各種影響的形態才更接近於事物的本質，更能體現事物的內在氣質。這種表現事物的幻覺狀態，與現實視覺的感受形成較大的偏離，這種平面化的、沒有體量的體現，必然會趨向於注重秩序感的表現形式，中國古代藝術家正是利用了這種偏離狀態深化了平面化的線形表現繪畫。而這種現實與表現的偏離形態，則爲傳統藝術家提供了一個極具主動性的寬闊、多維展現空間。特別是在基本脫離客觀形態的裝飾線群表現上，表達的更加自由灑脫、豐富恣意。

在西方理性繪畫中，人物造型必然要受現實中的透視、比例、質地、結構、時空等的嚴格約束。而中國傳統人物畫造型已基本脫離了這些現實固有形態的束縛，形成了造型形式的感性化轉譯超越。藝術家以大眾普識性的識別方式來表現人物的造型形態，並利用「具有傾向性的張力」〔註19〕（內凸與外張）來塑造人物，利用線的長短、曲直、粗細；形狀的大小、方圓、聚散、排列等組織關係來決定畫面的形式狀態。使表現形式相諧於整體畫面的秩序感，使形與意達到統一。由此形成了內容與形式、主觀與客觀辯證統一的程序化傳統平面造型規律形態。

第二節　魏晉玄佛的互文性內質對中國傳統美學的啓示作用

從漢亡至隋三百餘年間，在三十餘王朝交替興滅中，中國文化在儒家逐步喪失一統地位的同時，諸多新文化因素互相影響，交相滲透，使得這一時期中國文化的發展趨於複雜化。爲什麼會在此時外來佛教與本土玄學的互融成爲中國美學的典型特指，其內在根源不但在於儒釋道的社會地位轉換，更源於玄、佛的社會互涉性及其互文性理論內質。

〔註18〕1、（宋）蘇軾，（明）矛維編，孔凡禮點校，《蘇軾文集》第十二卷，中華書局，1989年3月。2、周積寅，《中國畫論輯要》，增訂本，江蘇美術出版社，2005年7月，197頁。

〔註19〕（美）魯道夫·阿恩海姆，滕守堯、朱疆源譯，《藝術與視知覺》，四川人民出版社，2006年版，568頁。

一、佛道互漸

漢武帝伊始，賈胡頻仍，西域文化踐行東進。〔註 20〕西域各國與中原文化交流日切，作爲中國最大本土宗教的道教，對於佛教的接納，採取了一種既抗拒又融合的態度。無論在教義、儀式還是神話上都受到來自佛教的影響，特別是對方術靈神以及佛學讖緯神學的借用，突破了傳統道教封閉的宣傳和修煉體制。

佛教傳入初期，影響甚微，東漢後期，政府還明令禁止百姓篤信佛教。同時，又因爲譯經艱澀，不易爲國人所接受。以至於在東漢三國時期，大多數人都將其混同於黃老之類，早期佛教既是在與道術結合的過程中發展起來。其中多有西域胡姓習道，〔註 21〕《雲笈七籤》卷一百五《清靈眞人裴君傳》載：「清靈眞人裴君，字玄仁，右扶風陽夏人也。……家奉佛道……嘗於四月八日與馮翊趙康子、上黨皓季成共載詣佛圖。……見君而歎曰：「吾從少至老見人多矣，而未嘗見如子者。」乃延君入麴室之中。……因以所修秘術密以告君。道人曰：「此長生內術，世莫知也。」〔註 22〕此中記載了佛教徒直接參與道教活動的情景。佛教進入初期，亦常有佛道並崇或道改佛及佛改道的現象，據《高僧傳》卷十《神異下・竺法慧附范材傳》載，范材原是佛教徒，後「遂退道染俗，習張陵之教云。」〔註 23〕

魏晉南北朝時期，佛教在中國逐漸勢大，傳承過程中漢傳道教與印度佛教在相互妥協過程中，促成諸多相通之象，漢代道教經典《黃書》房中術中的「黃赤之道，混氣之法」就與印度密教的房中修煉之法極爲相似。〔註 24〕按荷蘭學者高羅佩的觀點，中國的早期房中理論要早於印度密教的修煉經典，後者應是在受前者的影響才形成，並同時反傳於中國，這其中也包括季羨林先生所論證的佛教倒流作用所致。

宗教的的傳播大多要以獨傳的技術來吸引教眾，早期道教在傳播自己教義，排除他教的同時，在黃老道術中即揚棄的借鑒了西域特有的方術來製造

〔註 20〕張廣達，《西域史地叢稿初編》，上海古籍出版社，1995 年，276 頁。

〔註 21〕魏晉時期西域人帛（白）和入華後改修道教，《神仙傳》卷七及《抱朴子內篇》卷二十《祛惑》曾載該人。說：「乃復有假託作前世有名之道士，如白和者，傳言已八千七百歲。」帛（白）爲龜茲國姓氏；清靈眞人之裴姓亦爲西域胡姓（姚薇元，《北朝胡姓考・西域諸姓・裴氏》，科學出版社，1958 年。）

〔註 22〕（宋）張君房，李永晟校注，《雲笈七籤——卷一百五》，中華書局，2003 年。

〔註 23〕（南朝）梁慧皎，《高僧傳》卷十。

〔註 24〕李零，《中國方術考》，東方出版社，2001 年，429 頁。

神跡，並以此栽培信仰。如西域傳入的使火術，《後漢書》卷八十六《西南夷傳》載：「永寧元年，撣國王雍由調復遣使者詣闕朝賀，獻樂及幻人，能變化吐火，……自言我海西人。海西即大秦也，撣國西南通大秦。」《搜神記》卷二云：「晉永嘉（307～312 年）中，有天竺胡人，來渡江南。其人有數術，能斷舌復續、吐火，……其吐火，先有藥在器中，取火一片，與黍合之，再三吹呼，已而張口，火滿口中，因就取以飲，則火也。」〔註 25〕使火術在早期道教中多有記載，亦是道家常施法術。

此外，以火辯經則是佛、道共修之術。《高僧傳》卷四《朱士行傳》云：「遂以白王云：漢地沙門欲以婆羅門書惑亂正典。王為地主，若不禁之，將斷大法，聾盲漢地，王之咎也。王即不聽齎經。士行深懷痛心，乃求燒經為證，……投經火中，火即為滅，不損一字，皮牒如本。」〔註 26〕再如「神行術」、「祈雨術」、「馴獸術」等，大致分為預測術和長生術兩大類。

在佛教入華的進程中，跨文化交流起著至關重要的作用，而這種文化交流必然是在兩個或多個特定的文化背景之間進行信息碰撞。以威爾伯・施拉姆傳播模式〔註 27〕來解釋中國傳統畫家在接收和理解由印度傳來的文化信息時，由於受到文化背景信息整合方式等因素的影響，必然會傾向於用自己的視角來理解對方的思維方式，從而有選擇的接受對方的信息素材。正是由於隨佛教傳來的西域幻術，切合了中國本土道家以術傳道的理念，而使佛學在不自覺間灌輸至以儒玄所壟斷的中國社會和學術界，並形成了儒釋道並存的鼎立。

二、儒佛互漸

東漢末期，大一統政治分裂，傳統的價值體系開始崩潰，居於統治地位，規範人性的名教觀念開始動搖，於是背世已久的古文經學逐漸顛覆了空泛的今文經學。儒家社會思想體系和人文價值觀念崩潰的同時，地方勢力和莊園的發展促成了士族經濟社會的形成。同時，一種在思維方法上尊重理性，在人性上追求「自然」，相對平等的士族文化體系和個性自由的封建秩序，促成了玄學的壯大和發展。

〔註 25〕（東晉）干寶，《搜神記》，卷二。

〔註 26〕（南朝）梁慧皎，《高僧傳》，卷四。

〔註 27〕譚自強，《圖解跨文化交流學》，世界圖書出版西安公司，2010 年 3 月，18 頁。

魏晉時期的玄學，注重抽象理論探討，思辨強哲。其主體主要以一系列哲學概念及概念之間的邏輯關係，表述精神世界中「名教與自然」的主題。開放的玄風盛行，使得當世人民的思想開化自由，各個學派以吸納新知識和創造新思想爲尚。以士大夫爲主體的士族文士，在倡導反對虛僞禮教、崇尚自然的玄學思潮的同時，也提升了人生境界，創造了爲歷代嚮往的「魏晉風度」。

南北朝時期，名士思想更爲開闊，受老莊思想影響，崇尚放達，推崇黃老，名理校練，認爲「人事爲本，天道爲末」，〔註 28〕破除了天命論，以平等、求理爲原則的「正始之音」更將玄學推至新的高度。此時的思想領域漸趨成形出不同於兩晉的新風尚，佛教逐漸勢大，佛經流行日趨廣泛，使得儒、道、玄、佛的相互關係及其社會格局發生變化。大批儒、玄名士將思想文化焦點漸漸趨向佛教思想的再定義和本土化上。〔註 29〕

自漢末迄始，佛教般若經〔註 30〕流行，支婁迦讖傳譯大乘佛教般若經至中國，後經朱士行、道安、竺法護等高僧居士泛播，般若思想逐漸在中國紮根。在魏晉清談盛風之下，外來般若學迅速與玄學思潮交匯，依附玄學，傳播般若，兩股思潮相融激蕩，構成了當時思想境界的主流，奠定了「六家七宗」〔註 31〕等佛教學派。

佛與玄儘管都是思性的、形上的，但玄學是人生經驗的體現，而佛學則是超驗爲之，顯然，佛的思想性之於中國而言，存在理解上空間。

永嘉之禍和五胡亂華，打破了中原的政權的獨立架構，加大了北方游牧

〔註 28〕《全後漢文》，卷八十九，昌言下。

〔註 29〕東晉釋道安在《鼻奈耶序》中認爲：自經流秦土，有自來矣，以斯邦人老莊教行，與方等經兼忘相似，故因風易行也。

〔註 30〕般若學是魏晉南北朝佛教的主要思想體系。般若，梵文 Praiā 的音譯，亦稱「波若」、「缽羅若」等，意譯爲「智」、「慧」、「明」等。全稱爲「般若婆羅蜜多」（Prajāpāramitā）或般若波羅蜜，意譯爲「智度」、「明度」、「無極」等，是成佛的特殊認識。這種認識視世界萬物爲因緣和合所生，認爲它沒有固定不變的自性，所以性空。「般若」即「空觀」。

〔註 31〕據隋代吉藏之中論疏載：（一）本無宗，包括道安、僧睿、慧遠等之說；（二）即色宗，關內之「即色義」與支道林之即色遊玄論；（三）識含宗，爲于法蘭之弟子于法開之說；（四）幻化宗，爲竺法汰之弟子道壹之主張；（五）心無宗，包括竺法溫、道恒、支愍度等之說；（六）緣會宗，有于道邃之緣會二諦論；（七）本無異宗，爲本無宗之支派，有竺法琛、竺法汰之說。七宗之中，就基本觀點而言，一般以本無宗、即色宗、心無宗三家爲當時般若學說主流之所在。（唐）嘉祥吉藏，《中觀論疏》，卷二。

民族與中原漢族文化經濟的交集。東晉伊始，門閥制度集聚擴張，大批世族名士南渡，力圖「克服神州」恢復失去樂園。他們認爲，西晉亡國在於儒學崩潰、世風敗壞，而西晉名士的放達觀念，沒有任何積極意義，「胡虜遍於中國」〔註 32〕之責首先在於玄學的「清談」與「放達」，因此，名教的忠禮思想漸復統治地位。學術界對秦以來的政治思想進行反思，首先是對王弼等玄學名士的批判，《晉書》范甯傳曰「王何蔑棄典文，不遵禮度，遊辭浮說，波蕩後生，飾華言以翳實，騁繁文以惑世；縉紳之徒，翻然改轍，洙泗之風，緬焉將墜！遂令仁義幽淪，儒雅蒙塵，禮壞樂崩，中原傾覆。古之所謂言僞而辯，行僻而堅者，其斯人之歟！」〔註 33〕《刺驕》載葛洪語，阮藉等人的「傲俗自放」之舉，非華夏大國所爲，而是未開化蠻夷之行爲。〔註 34〕

然而，這些反思的名士大都長期受到玄學浸染，復尊儒學，對他們而言只是形勢所迫，雖然儒、玄在立論根基上差距甚遠，但在這些致力於形而上研究的名士而言，將名教與玄學相結合則是可行的共識，他們用以道釋儒的方法將名教和道教自然的相諧起來，「在儒而儒，非道而有道，彌貫九流，玄同彼我。」〔註 35〕儒道雙修一時成爲風尚。然而這種本土化格局的新興思潮，尚未形成主導，既被外來的佛教思想所打破。並由於玄、佛的諸多互涉性質，逐漸將名教擠偏，而形成佛玄合流的態勢。

三、玄佛互漸

魏正始（240～249 年）之後，動亂加劇，朝不保タ，人們普遍存在關注生存、生死等問題的精神取向，在此背景下，佛教所倡之因果報應等學說使世人獲得了極大的精神安慰。因此佛教經典的譯注逐漸增多，清談玄風中滲入諸多了大乘般若學觀點。而般若學顯也受到當時魏晉玄學思潮的影響，在方法上更爲直接的受到「得意忘言」的映像，〔註 36〕故佛教博興，正因般若

〔註 32〕（唐）房玄齡等，《晉書》，虞預傳。

〔註 33〕（唐）房玄齡，《晉書》，范甯傳。

〔註 34〕（東晉）葛洪，《抱朴子》，卷四十七，刺驕。

〔註 35〕（唐）房玄齡等，《晉書》，王坦之傳。

〔註 36〕彭自強，《從「格義」到「得意」——佛教般若學與魏晉玄學交融的主線》，《佛學研究》1999 年，99 頁。東晉高僧慧遠在《大智論抄序》中結合玄學理念解讀了佛經的理解方法「又論之爲體，位始無方而不可詰，觸類多變而不可窮。或開遠理以發興，或道近習以入深，或闔殊途於一法而弗雜，或闢百慮於同

學與玄學的相交，佛學正式登上了中國學術思想的舞臺。至此，講習般若，蔚然成風，促成了朱士行西行求法：「《放光》尋出，大行華京，息心居士，翕然傳焉」。〔註 37〕

南朝梁陳時人所輯東晉僧人僧肇（384～414 年）的《肇論》，是一個相對完整的早期般若思想初創理論體系，其所提出的「不眞空論」把玄、佛之有無之爭引向眞假之辨，解釋了般若學「自空性」的局限，系統的闡發了性空思想，推進了中國佛教和中國學術思想的發展。

東晉時期，儒家學說面對的動蕩時局和寄希擺脫困苦的民眾而言，顯得無能爲力。而佛教所宣稱的「人人皆可成佛」極大的吸引了無所適從的下層人民，讓他們看到一絲希熠，並有意迎合統治者的需求。而上層統治者正是看到了佛教可穩定人心的作用而推行佛教，使佛教得到廣爲傳播的契機。

面對儒家的排斥，佛教徒極力調和仁義道德與佛教教義的矛盾，辯護佛教具有輔助名教的作用，與儒、玄同出一理，「故雖曰道殊，所歸一也。」〔註 38〕永嘉之後，儒學已失去顯學地位，經學往往要借助玄學而確立，這也明確了佛學必須依靠與其互涉性很強的玄學而發展自身。

玄佛合流有著諸多有利條件，首先，玄學之崇高境界的「道」是脫離現實的虛化境界，般若學所奉的「佛」亦爲至高虛渺梵形，兩者同爲形而上的虛景。再者，玄者以「無」爲萬物之根本，而佛家則言「世界皆本無」，兩者均都否定物質客觀，其根本理念趨同。兩者在方法論上亦有相通之處，佛家講究心思澄淨，「慧解爲本」，玄者認爲忘言物外，返樸歸眞。正因如此，外來佛教以玄學爲依託，首先讓士大夫和當政者接受佛學，以便傳教，謀求發展。正如淨土宗的開山鼻祖慧遠所言：「如今合內外之道以弘教之情，則知理會之必同。」〔註 39〕又如道安附言：「不依國主，則法事難立。又教化之體，

相而不分。此以絕夫壘瓦之談，而無敵於天下者也。爾乃博引眾經以贍其辭，暢發義音以弘其美。美盡則智無不周，辭博則廣大悉備。是故登其涯而無津，挹其流而弗竭，汪汪焉莫測其量，洋洋焉莫比其盛。雖百川灌河，未足語其辯矣；雖涉海求源，未足窮其邃矣。若然者，非夫淵識曠度，孰能與之潛躍？非夫越名反數，孰能與之澹漠？非夫洞幽入冥，孰能與之沖泊哉！」蘇晉仁等點校，《出三藏記集》，中華書局，1995 年，390 頁。

〔註 37〕（東晉）釋道安，《合放光光贊隨略解序》，（梁）僧祐，《出三藏記集——卷九》。

〔註 38〕（梁）慧皎，《高僧傳》，卷六，釋慧遠傳。

〔註 39〕（梁）僧祐，《弘明集》，三報論。

宜令廣布。」〔註 40〕

東晉時期，玄學理論已至瓶頸，急需更新知識體系和理論途徑，而佛學的精深思辯哲學豐富了玄學的內容，使清談家們找到了更可深入的興奮點。並且，由鳩摩羅什傳入的大乘中觀思想的方法論與玄學的方法論有諸多相似之處，「夫輕忽人事，追逐至足，晉代名士與名僧之心胸，本屬同氣。貴無賤有，反本歸眞，則晉代佛學與玄學之根本義，殊無區別。」〔註 41〕兩者的融通避免了掌握話語權的玄學士人的排斥，促使剛剛建立起來的般若學研究，能夠排除枝節更加直達要旨。〔註 42〕佛教高僧不但在學術上與名士們相交，同時也用玄機熏熏的口才和飄逸沉靜的風度迎合了注重形象和詭辯的名士們的意趣。東晉玄言詩人在其所撰《道賢論》中甚至將西晉至東晉初年之高僧竺法護、竺法乘、于法蘭、于道邃、帛法祖、竺道潛、支遁等七人，依次比作玄門的竹林七賢。因此，在儒玄名士的推動下，玄佛合流已成爲風尚顯學。此外，東晉諸帝「遊心虛玄，託情道味，以賓友禮待法師」。〔註 43〕帝王的崇佛更使佛教的地位迅速上陞，帝王引高僧爲師友，名士引佛學入玄學，而「六家七宗」確立，則更加標明了佛教已具備獨立發展的能力，顯示出般若學已有實力從玄學中脫穎出來，而建立起中國佛學獨立的思想體系。〔註 44〕因此，發展至蕭梁時，佛教反客爲主，排擠玄、儒而獨自登上「國教」寶座。〔註 45〕

魏晉南北朝的佛玄融合，經歷了從入華到獨立的三個階段，東漢末年般若學傳入後，首先是佛經的初譯階段，其間，佛學受道學影響，術數技能最早爲傳統道家所接受，而道化的佛學則對玄學的發展也起到了一定的推動作用。第二個階段，與玄學相漸形成六家七宗流派，這一時期各家爭鳴的學術氛推動了對般若觀念的探索和完善，而對於玄、佛之間的辯論互難，佛學也由早期的「心無」等觀念逐步演進拓展至般若學的「空義」境界。這也是士大夫們在儒玄基礎上不斷消化和發展般若學理論的過程，爲僧肇階段揚棄的

〔註 40〕（梁）慧皎，《高僧傳》，卷五，釋道安傳。

〔註 41〕湯用彤，《漢魏兩晉南北朝佛教史》，北京大學出版社，1997 年，191 頁。

〔註 42〕彭自強，《從「格義」到「得意」——佛教般若學與魏晉玄學交融的主線》，《佛學研究》，1999 年，99 頁。

〔註 43〕《高逸沙門傳》。

〔註 44〕申俊龍、劉立夫，《魏晉玄學向佛學轉變的內在哲學根據》，南京社會科學，2000 年第 10 期，23 頁。

〔註 45〕孔毅、李民，《魏晉玄學的衰落及其與佛教的合流》，《許昌師專學報——社會科學版》，1997 年第 2 期，80 頁。

融化儒玄義理的「性空」佛理奠下基礎。

《肇論》「性空」思想的創立，是般若學發展的第三個階段。而佛學譯經的成熟豐富、完整了般若性空思想的內容，並在中外思想的碰撞下，使佛學得到了比較準確的表達。通過對命題分析、概念梳理和結構形式來解構般若學思想，「從而創立了中國佛教史上第一個比較完整的中國化的佛教哲學思想體系，把佛教的中國化推向了一個新的階段」。〔註 46〕

四、經驗與超驗

對現實的超越，對道的超越，對聖人的超越。多是以玄學體驗「無爲」的「順應萬物、以順其和」、「世人守弱、不爭、快樂爲感悟根基。其理念認爲人生是無主觀臆斷的作爲，一切應是遵循客觀規律的行爲，順應自然而作爲，不要違反「天時、地性、人意」。並認爲：「天道無爲，順其自然趨勢而爲，無親無疏，無彼無己也。」〔註 47〕以此準則爲代表的嵇康，亦提出人生至高境界既是「追求一種自由自在、閒適愉悅的、與自然相親、心與道冥的理想人生。」〔註 48〕

這種「無爲」、「自然」都是一種人間之道，是對人生與現實的對應生存之道，王弼玄學的自然無爲本體觀則更爲豐富，主要分爲五種對應涵義：1、抽象的一般對應本體義的「無」；2、共相對應生成義的「無」；3、物的本始或生成者對應抽象義的「無」；4、相當於黑格爾之「純無」對應功能義的「無」；5、某種「作用方式」對應境界義的「無」。〔註 49〕王弼的本體論偏重於觀念性邏輯本體，或作爲某種原理、方式，將人生觀通過邏輯觀念的「體用一如」表現出來。因此，可以說王弼的本體論（裴頠、郭象的理論體系與王弼基本相同）是觀念邏輯本體轉化的過程，偏重於從「有」或有無統一的「自生」角度，展開的抽象本體。這與佛玄直接從人生的存在狀態與價值的體「空」大有不同，後者雖也是思性方式表達出來的，但它的本體觀念「空」，主要指涉意義在於「性空」，而非邏輯結構上的「用」與「體」。

〔註 46〕洪修平，《三教關係視野下的玄佛合流、六家七宗與「肇論」》，《佛學研究》，2008 年，89～90 頁。

〔註 47〕月牙山人，《無知錄》，下，君子獨善其一。

〔註 48〕羅宗強，《玄學與魏晉士人心態》，南開大學出版社，2003 年，99 頁。

〔註 49〕在康中乾所著「有無之辨——魏晉玄學本體思想再解讀」（人民出版社，2003 年版）一書的中編「第二章」第三小節做了總結歸納。

面對短暫生命的無常、以及精神的永恒等超驗現象，都不是傳統儒玄美學所能對應解釋的。而般若的中心思想則認爲，一切現象都是無實在自性的「假有性空」，〔註 50〕將世人帶引至假定的精神空間，從而擺脫現實的煩惱。這也是般若中觀方法論學說在空觀思想上的基礎方法理論，它假定一切事物有兩個方面，一是空，二是「假名」，兩者是互相聯繫的。因「空」才是「假名」，也因「假名」而是「空」。不只是要觀照一面，而是觀照兩面，這就要求修持者既不執著實有，也不執著虛無的空；既觀照空性，又觀照假有。由此，攝融了傳統玄學「自然」觀，注重對現世精神超越，以解脫、出世爲緣起的中國佛教，改變了以無爲論爲中心的中國傳統美學觀念，和以倫理界定的，否定來世的價値體系。而兩種哲學的介融，也大大增加了玄佛學說的包容性和受眾的廣泛性，使得玄佛合璧的理論學說，成爲中國傳統美學的本體核心。

佛玄哲學的成立不是簡單意義上的 A 加 B 組合，這是兩種思想碰撞後所產生的新的哲學理念。這種新觀念類似於黑格爾辯證思維中新事物的合理價値觀，假設我們把佛學設定爲 A，把玄學設定爲 B，按照黑格爾的辯證邏輯，「『非 A』的規定性是一種完全的無，任何『非 A』都意味著一種純粹抽象的無的性質；但如果以肯定的方式理解『非 A』，則『非 A』應被設想爲具有肯定意義的『B』，這是一種嶄新的質的規定，蘊含了『非 A』作爲『B』的所有潛在可能性，並且，當如此去設想『非 A』時，矛盾即被消除，走向更高階段的『A∨B』關係命題。」〔註 51〕如果「A」和「B」都以新的方式存在並被理解爲更高的、更具包容性的命題，這種個命題就涵蓋了兩者的重要核心成分，〔註 52〕顯然這是佛玄學術理論進化的一個積極因素表現。

佛玄美學本體論的結構成立，是一個思維、方法和觀念、體系全面轉型的過程，〔註 53〕般若學中的「心亦不有不無」本來就與玄學本體論「否定之否定」的用意相通。而佛學與玄學在人生論基礎上實現的溝通，〔註 54〕則是

〔註 50〕《大正藏》，卷五，中論。

〔註 51〕周保彬，《海因里希·沃爾夫林藝術風格理論研究》上海師範大學文藝美學博士學位論文，2007 年，302 頁。

〔註 52〕〔美〕H·阿金，王國良、李飛躍譯，《思想體系的時代——十九世紀哲學家》，光明日報出版社，1989 年，67 頁。

〔註 53〕趙建軍，《魏晉般若與美學》，復旦大學文藝學博士研究生論文，2004 年。

〔註 54〕任繼愈，《中國佛教史（第二卷）》，中國社會科學出版社，1985 年，191 頁。

一種關乎人生價值與永恒命運的新本體論創構。這種佛化的玄學，亦或說玄化的佛學，其本質內容既是精神外化的人格美學。

秦漢之際，人物的審美標準主要從倫理、道德等方面出發，至魏晉，人們開始用無利害的態度來對待自然、人生和藝術，因此，中國傳統美學意趣由社會功用的實用性質，逐漸轉向欣賞對象。由於佛玄的尚「意」和追求精神至上的人格美學導向，人物品藻從外貌之美，轉向舒張內在氣質之美。三國魏劉劭在其系統品鑒人物才情的《人物志》中即提出：「蓋人物之本，出乎情性。情性之理，甚玄而微。」〔註 55〕展現魏晉風流士人群像的《世說新語》中亦隨處可見對人物精神氣質的描寫，既如，描寫王恭之貌時，並未直寫其貌，而是以景代情，使人通過想像看到人物的超然脫俗的形骸：「有人歎王恭形茂者，云：濯濯如春月柳」，「王戎曰：太尉神姿高徹，如瑤林瓊樹，自然是風塵外物」。〔註 56〕王璨在《神女賦》中描寫神女：「惟天地之並化，何產氣之淑真。陶陰陽之休液，育夭麗之神人。稟自然以絕俗，超希世而無群。」〔註 57〕此外，魏晉時期的美學思想強調以人的內在氣質的角度來面對藝術創作，與孟子在作品中主要強調君臣、道德、修養不同，鍾嶸（？～約 518 年）的《詩品》強調的是個體情感和心理感受的表達，而不是詩與政治的關係。而曹丕（187～226 年）則強調「文以氣爲主」的創作理念，創作個體的獨立氣質決定創作風格。顯然，這一時期無論在美學理念亦或在藝術創作上，都已經顯現出了重自我、重內心、重性靈，張揚人格之美的新特徵。〔註 58〕

人的心、神就是人格本體，「它既可以游離於事物之外的共相，本身又是絕對的體。」〔註 59〕當人的現實生命本質被抽象爲一種不可毀滅之觀念實體的「精神」，即成爲不以肉體的存亡爲其標誌的特殊生命本質，它以神化的人格生命作爲人格本體美學的標準。〔註 60〕這種把人格抽象爲內在意義的生命美學，主要體現在儒玄人生論美學中的一種追求心性永恒的「內聖之學」。

〔註 55〕（魏）劉劭，劉國建注，《人物志》，長春出版社，2001 年，3 頁。

〔註 56〕（南朝宋）劉義慶，柳士鎮、劉開驊譯注，《世說新語全譯》，貴州人民出版社，1996 年，389 頁。

〔註 57〕吳雲、唐紹忠，《王粲集注》，中州書畫社，1984 年，53 頁。

〔註 58〕劉昱，《魏晉時期審美文化的轉變》，《大眾文藝》，2008 年第 12 期，178 頁。

〔註 59〕高華平，《魏晉玄學人格美研究》，巴蜀書社，2000 年，236 頁。

〔註 60〕儀平策，《中國審美文化史——秦漢魏晉南北朝卷》，山東畫報出版社，2000 年，238 頁。

〔註 61〕從審美角度而言，心性之學是張揚道德榜樣的人格美學所呈現的藝術形式典範，〔註 62〕這種人格美學雖與般若學有所相關，但顯然與主張「超驗」的，否定世俗價值的般若性空宗教美學相去甚遠。大乘般若即以超越人世間生死流轉的性空思想作爲代表，認爲個體的自主性與現實實體一樣是幻而不實之性，依大乘般若教理，佛處於生死之外，部分表象具有人格因素，但其更主要的是具有解度眾生的超現實能爲。

在佛玄的性空論美學旨趣中，其超人格性質所引出的是出世、無生、無死的人生觀。不再強調個體品性價值，而是以體現人精神終極所在的超越價值，也就是「空義」所代表的「軌持」，〔註 63〕這種帶有實體性，反對自性的佛教法度，以覺悟獲得無上正等正覺。就此理解，越是貼近個體人格的觀念則離般若學的「空」越遠，然而在本土傳播中，佛學卻不得不借用人格的概念來適應中國民眾的理解力，將「空義」更多變形爲體驗性的或境界性的經驗體會，因此，佛教徒往往會以一種看似超然的行爲來標明不同於傳統人格美學的超凡境界。而這種看似相悖卻又相互交持在一起的兩種世界觀，既是佛教本土化的眞實寫照。

佛性追求共性的、嚴格法度的極致美感，而玄學則是追求個體人格之美，這兩種相對矛盾的美學旨趣，在這一時期的可視藝術中體現的更爲明確直觀，現已發現的魏晉眾多壁畫中，以儀軌法度製作的「佛」之形象，完全不同與現實人物造型，特別是在魏晉佛教洞窟中，同一面畫壁上的佛傳造型與供養人形象，明顯屬於完全不同的兩種形式風格體系，甚至連佛與菩薩的造型程序都不相同。

魏晉時期是中國美學範疇的確立時期，佛的超驗性美學與玄學的經驗性美學在此相互交錯，這種看似不和諧的現象，處在魏晉時期則具有一定的合理性。外來佛學逐步建立體系，本土儒玄亦處在相互轉換的關鍵時期，在這種處境下，佛玄的美學體系和藝術本體理論顯然還不能達到統一、和諧的理

〔註 61〕牟宗三，《心體與性體》，上海古籍出版社，1999 年，5 頁。

〔註 62〕劉華，《論內聖之學的理想性與超越性特質》，《天府新論》，2012 年第 5 期，21 頁。

〔註 63〕丁福保佛學大詞典對「軌持」的解釋：解法之字義者。法有二義，一軌之義，謂以其體爲軌範使人起領解心也。二持之義，謂維持其體不混亂他體也。唯識論一曰：「法謂軌持。」同述記一本曰：「軌謂軌範，可生物解。持謂任持，不捨自相。」陳義孝佛學常見辭彙對「軌持」解釋：即法的意義。軌者軌範，使人生起領解心，持者維持，維持其體而不混亂其它的個體。

論建構。「他們所說的那種最初的語言……是一種幻想的語言，運用具有生命的物體的實體，而且大部分是被想像爲神聖的。」〔註 64〕在此階段所形成的玄佛思性美學，極力從客觀現實之拘束中脫穎出來，追求一種脫離生、死觀念的，排除一般性思維（現實境遇）的感性自由化藝術美學。

在這種思性佛玄美學中，「傳神」是其藝術美學的終極目的，而如何能達成這個目標，晉人顧愷之在《傳神論》中給出的答案是「遷想」與「妙得」，顯然在這個因果關係中，無論是結果或達到目的的過程，兩者都具有形而上的模糊性，即便是以經驗而出的創作方法，也帶有非常強烈的超驗性質。這種哲學本體論上的不確定性，直接導致其美學體系的涵蓋邊界較爲模糊，使得這個美學體系構架明顯不能具體化、單純化的確定美學對象的歸屬，而顯然，最爲聰明的解決辦法既是將「經驗」與「超驗」合體，將玄、佛的互文性理論內質提煉歸一，總之玄佛合流促使魏晉士人在哲理層面上對宇宙、生命意義從新體悟，同時在這個審美自覺時期，其感性形式內核所體現出的生生不息的生命力和創造力，完成了人們對傳統自然審美的超越，形成了中國新藝術美學的「意象」理論架構。

第三節　從「列女圖」到唐代士女畫

唐代石槨線刻人物，除少量宦官外大多爲侍女形象，就其題材及形式而言，顯然屬於「士女畫」範疇。「士女畫」〔註 65〕一詞爲晚唐朱景玄在《唐朝名畫錄》中提出〔註 66〕，但不能否認此畫科在之前並不存在，唐代之前，亦有大量以女性爲主題的繪畫作品。

是否說畫面中有女性形象的作品即爲士女畫？士女畫又意指爲何？歷觀漢唐繪畫的郭若虛爲此下一定論：

〔註 64〕（意）維柯，朱光潛譯，《新科學》，人民文學出版社，1986 年，178 頁。

〔註 65〕「子女」即「女子」亦爲士女。單國強先生認爲「士女」一詞在唐代以前即以出現，但並非專指士女畫。見：單國強，《古代仕女畫概論》，《古代書畫史論集》，紫禁城出版社，2002 年，378～379 頁。《洛陽伽藍記・法雲寺》：「四月初八日，京師士女多至河間寺」。此處「士女」意指年輕男女。白適銘先生認爲，「子女」畫意指將婦女、兒童同繪於一圖的繪畫形式，筆者認爲此說有稍顯狹窄嫌。見：白適銘，《盛世文化表象——盛唐時期「子女畫」之出現及其美術史意義之解讀》，《藝術史研究》第九輯，中山大學出版社，2007 年 12 月，7 頁。

〔註 66〕（唐）朱景玄，《唐朝名畫錄》，神品一人：「（周昉）又畫仕女，爲古今冠絕。」

歷觀古名士畫〔註67〕金童玉女及神仙星官中，有婦人形相者，貌雖端嚴，神必清古，自有威重儼然之色，使人見之恭肅，有歸仰之心。今之畫者，但貴其姱麗之容，是取悅於眾目，不達畫之理趣也，觀者察之。〔註68〕

以郭若虛話中的「古名士畫」與「今之畫者」而言，「士女畫」的形成期限爲唐代，並指明了「士女畫」與魏晉「列女圖」的關鍵性區別。雖然，郭若虛對「今之畫者」的貶義之語稍顯偏頗，但亦說明「今之畫」與「古之畫」在藝術本體表現上的差異。「古之畫」以說明爲主，「今之畫」以「悅目」爲上，由此可知，以審美爲主要目的的女性題材繪畫即爲「士女畫」。

一、士女畫成立之社會背景

先秦繪畫主要以宗教題材爲主，漢魏亦多延續，並漸漸以敘事形式取代升仙圖式，籍以鞏固皇權「見善足以戒惡，見惡足以思賢」的政治意圖。《畫贊》序言曰：

蓋畫者，鳥書之流也。昔明德馬后，美於色，厚於德，帝用嘉之。嘗從觀畫，過虞舜之像，見娥皇女英，帝指之戲后曰：「恨不得如此人爲妃。」又前見陶唐之像，後指堯曰：「嗟乎，群臣百僚，恨不得戴君如是。」〔註69〕

順烈梁皇后諱妠，〔註70〕大將軍商之女，恭懷皇后弟之孫也。後生，有光景之祥。

少善女工，好史書，九歲能誦論語，治韓詩，大義略舉。常以列女圖畫置於左右，以自監戒。〔註71〕父商深異之，竊謂諸弟曰：「我先人全濟河西，所活者不可勝數。雖大位不究，而積德必報。若慶流子孫者，倘興此女乎？〔註72〕

張彥遠亦認爲「古之繪畫」的目的以戒惡、思賢爲標準：

〔註67〕此處「古名士畫」指魏晉之前的繪畫。

〔註68〕（宋）郭若虛，《圖畫見聞志》，四部叢刊編輯影印重小本，人民美術出版社，1964年，18～19頁。

〔註69〕（唐）歐陽詢編，汪紹楹校，《藝文類聚》，序言，上海古籍出版社，1995年。

〔註70〕注：妠，娶也，音納。

〔註71〕注：劉向撰列女傳八篇，圖畫其像。

〔註72〕《後漢書》，卷十，下，皇后紀，第十，下。

觀畫者見三皇五帝，莫不仰戴；見三季暴主，莫不悲惋；見篡臣賊嗣，莫不切齒；見高節妙士，莫不忘食；見忠節死難，莫不抗首；見放臣斥子，莫不歎息；見淫夫妒婦，莫不側目；見令妃順后，莫不嘉貴。是知存乎鑒者圖畫也。〔註73〕

「圖畫以鑒戒」是漢魏藝術之主要功用。而自唐以降，中國傳統人物繪畫幾近成熟，唐人已不僅僅注重人物畫的倫理、教化功用，需要繪畫給人帶來感觀上的享受。〔註74〕以審美為目的的繪畫遂成為藝術表現主題，繪畫的形式與題材愈加豐富。

一個畫科的出現，不僅僅是繪畫自身所決定的，亦取決於其時的社會、政治、經濟等外在條件的推廣及限定。士女畫在唐代發展之快顯於各世，而這種特殊現象的社會背景因素為何？從中又傳達出何種特殊的意義？是唐代畫史研究中需要解決的問題。

入唐以來，李氏政權較為穩定，武周伊始，社會開放，女性地位提高，甚至於前朝所不許之女著男裝也盛行開來，此時的女子性格開放並可參與政治活動。就此時的社會氛圍而言，漢魏時期以警戒為目的的「列女圖」，明顯限制了女性個性發展，而現已發現的唐代女性形象，一改前朝謙卑、內斂的形式，多以挺胸抬頭的挺拔身姿及自信表情出現。如，薛儆墓石槨外壁西向北間（圖L-6）、外壁西向中間（圖 L-6）、內壁東向南間（圖 L-1）、內壁北向西間（圖L-10）壁板的線刻侍女，表現了唐之前幾乎不可能出現的女性正面直視或挺胸舒展的形象。不但顯示出社會對女性的寬容，亦體現出其時女性主動表現自身審美的傾向，這種寬容的社會背景，當是「士女畫」形成的重要原因之一。

唐代的女性審美觀由漢晉道德精神之美，發展為追求感官之美。〔註75〕南朝後期，社會的主流審美形式已由教誡的社會功能轉向追求感官愉悅。至唐代，隨著社會穩定及經濟復蘇，這種審美趨勢的表現更見強烈。漢晉詩詞中的女性形象描寫多是體現當時社會道德的標準：

〔註73〕（唐）張彥遠，俞建華注，《歷代名畫記》，卷一，江蘇美術出版社，2007年，2頁。另見：《御覽》七百五十一引《歷代名畫記》，魏曹植言。案：此條亦《畫贊序》也，張溥題為《畫說》。

〔註74〕范文南，《論「比德」到「暢神」的審美嬗變與唐代典型畫風的演化》，南京藝術學院學報（美術與設計版），2006年第3期，25頁。

〔註75〕Biljana Ciric，《唐代繪仕女畫及審美風氣的演變》，華東師範大學，2004年度碩士學位論文，14頁。

不惜紅羅裂，何論輕賤軀。

男兒愛後婦，女子重前夫。

人生有新故，貴賤不相逾。

多謝金吾子，私愛徒區區。〔註 76〕

而在唐代文學描寫中，基本拋棄了表現女性德性美的描述，取而代之的是極力描述女子浪漫之美。甚或在諸多描寫女性的唐詩中，突出描摹了女性身體、形態、姿色、風情之美。如，溫庭筠在《菩薩蠻》中即描寫了女性溫軟之美：

小山重疊金明滅，鬢雲欲度香腮雪。

懶起畫蛾眉，弄妝梳洗遲。

照花前後鏡，花面交相映。

新貼繡羅襦，雙雙金鷓鴣。〔註 77〕

白居易《長恨歌》亦言：

歸來池苑皆依舊，太液芙蓉未央柳。

芙蓉如面柳如眉，對此如何不淚垂。

……

雲鬢半偏新睡覺，花冠不整下堂來。

風吹仙袂飄颻舉，猶似霓裳羽衣舞。

玉容寂寞淚闌干，梨花一枝春帶雨。

含情凝睇謝君王，一別音容兩渺茫。〔註 78〕

在不同於前代的唐詩中可見，中國傳統女性審美觀念在唐代發生了轉變，女性自身之美已在傳統社會的道德規範之中獨立而出。

皇家及貴族的喜好直接影響著整個社會的藝術取向。士女畫在唐代興盛，必然得到了統治階層的推崇。雖然關於此類記載幾乎沒有，但從一些史料中亦可發現些許蛛絲馬蹟，或可說明士女畫在其時受到重視。

唐代皇帝攝朝之殿內多設大型屏風，以隔帝臣之間，《舊唐書》載玄宗見安祿山時為其座前設金雞障：〔註 79〕

上御勤政樓，於御坐東爲設一大金雞障，前置一榻坐之。〔註 80〕

〔註 76〕郭茂倩編，《樂府詩集》第六十三卷，雜曲歌辭三。

〔註 77〕《全唐詩》第 891 卷《菩薩蠻》。

〔註 78〕《全唐詩》第 435 卷，長恨歌。

〔註 79〕金雞障即爲以金絲織成的金雞圖案屏風或障子。

〔註 80〕《舊唐書》，卷二百上，中華書局點校本，1975 年，5368 頁。

《安祿山事跡》亦載：

> 九載，祿山獻俘入京，方命入此新宅。玄宗賜銀平脱破方八角花鳥藥屏帳一具，方圓一丈七尺；金銅鉸具、銀鑿鏤、銀鎖二具……並全兩內帳設，續賜青羅金鸞、緋花鳥、子女、立馬、雞、袴袍等，屏風六合……〔註81〕

玄宗所賜安祿山之物應屬皇家御用品級。〔註82〕其中的六扇屏風中亦有「子女」一屏，可見士女畫是皇家標準畫式之一。既然皇家有此制式，那麼士女畫在整個社會中流行也是必然趨勢，甚或影響到周邊鄰國也爲之盛行。現存於日本奈良東大寺正倉院的「東大寺獻物帳」（圖5-3-1），記錄了日本勝寶八年（756年）聖武天皇（701年～756年5月2日）駕崩之後，皇家將其

（圖5-3-1）日本奈良東大寺正倉院之《東大寺獻物帳》

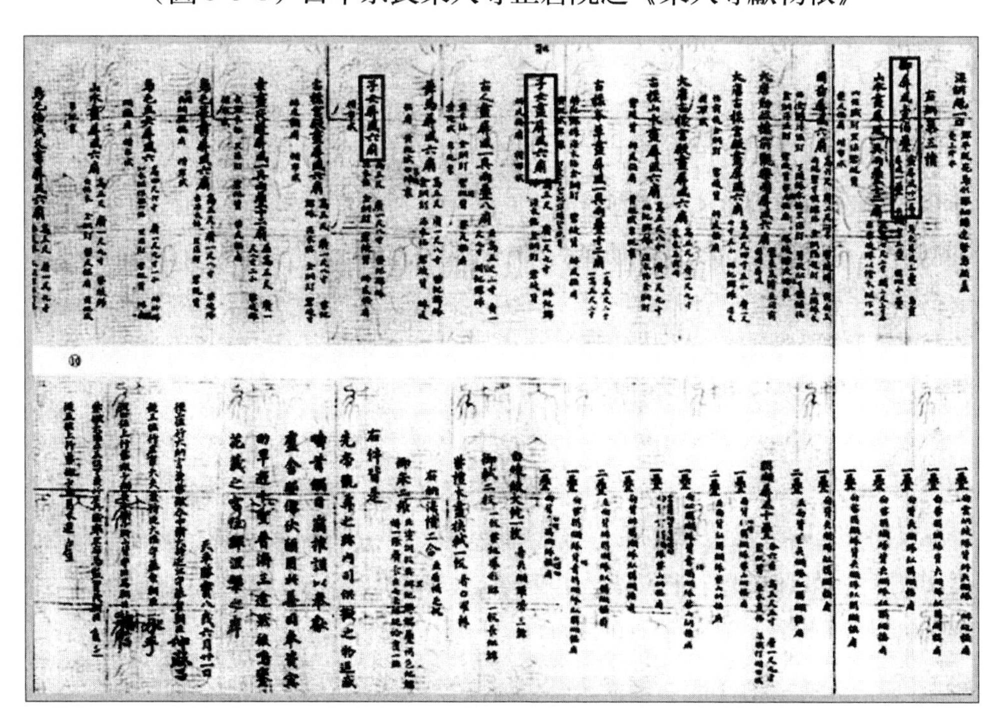

〔註81〕（唐）姚汝能，《安祿山事跡》，卷上，《唐代筆記小説》，上冊，河北教育出版社，1994年，154頁。

〔註82〕白適銘，《唐代出土西方系文物中所呈現的「胡風文化」——有關「把杯」及其母體文化屬性之思考》，《中國史探究》，中國社會科學院歷史研究所，2007年，總第46期增刊，57頁。

生前所愛之物獻於東大寺的記載，獻物帳中有兩處記錄了「子女屛風六扇」〔註 83〕的字樣。

從社會學角度而言，士女畫的優雅氣質及安祥景致亦可代表唐代社會的祥和狀態。不論從賜安祿山的屛風或日本聖武天皇遺物之屛風而言，玄宗以「子女屛風」作爲獎勵功臣和饋贈外族之重要禮品，「在圖像意義擴充的角度上，說明「子女畫」同時兼具了玄宗彰顯個人聲望、傳達繁華盛世的印象，甚或是企圖營造大唐國家威權意象的複雜功能。」〔註 84〕

二、士女畫之創立

漢魏「列女圖」與唐代「士女畫」在形態及功能上存在較大差別。劉芳如在《秀色——摭談中國藝術所塑造的女性》一文中，亦談到魏晉「列女」逐漸向「綺羅、婦人、嬪嬙」等現實性女性形象的轉變現象。〔註 85〕「列女圖」是把人物形象作爲一種觀念的顯現，以形象化爲概念化的符號，通過形象來傳達對理念的認知。而「士女畫」則是通過意蘊來觸動人情感的審美過程。

中國古代是男性集權的社會，藝術品的優劣也是由男性的視度來評判。魏晉南北朝之前的畫家作畫時，往往將自己設定爲畫中的男性，並通過畫面中男性目光來看待所畫的女性形象。而這種目光不單是畫家的審美目光，往往還帶著畫面中特定身份男性所必須具有的社會性眼光（圖 5-3-2）。唐代伊始，教條式的規誡在前所未有的開放性社會下逐步淡化，繪畫中女性形象所負擔的社會責任也就無從談起，畫家作畫的動機也就愈加單純了。表現女性的繪畫隨之發生了功能的轉變，從敘事性轉化爲單純的審美性質。而一旦女性形象完全被審美化之後，敘事性繪畫中帶有強烈社會性的男性目光也就顯得多餘了〔註 86〕，畫家和觀者可以直接以自己的審美眼光來看待畫面中的女性形象（圖 5-3-3），於是明顯帶有單純性審美傾向的「士女畫」也就成立了。

〔註 83〕白適銘，《盛世文化表象——盛唐時期「子女畫」之出現及其美術史意義之解讀》，《藝術史研究》第九輯，中山大學出版社，2007 年 12 月，28 頁。松島順正，《正倉院的屛風》，《書陵部紀要》第 28 號，1～15 頁。

〔註 84〕白適銘，《盛世文化表象——盛唐時期「子女畫」之出現及其美術史意義之解讀》，《藝術史研究》第九輯，中山大學出版社，2007 年 12 月，42 頁。

〔註 85〕劉芳如，《秀色——摭談中國藝術所塑造的女性》，《故宮文物月刊》第 241 卷，2003 年 4 月。

〔註 86〕（美）巫鴻，文丹譯，黃小峰校，《重屏——中國繪畫中的媒材與再現》，世紀出版集團、上海人民出版社，2009 年 12 月，91 頁。

（圖 5-3-2）觀者以「社會性」眼光看待畫中女性

（圖 5-3-3）觀者直接以自己的審美眼光看待畫中女性形象

由於歷史圖像資料的缺乏，「列女圖」與「士女畫」的劃分，只能從相關文獻中的記述來推理士女畫成立時限。文獻中出現最早的以審美爲目地的女性題材繪畫爲東晉葛洪在《西京雜記》卷二中的一段描述：

> 元帝後宮既多。不得常見。乃使畫工圖形。案圖召幸之。〔註 87〕

文中所記之《後宮美人圖》，性質與士女畫基本趨同，但由於儒家觀念的禁錮，並未形成社會風尚。南朝齊梁時期，以麗人、神女等爲題材，以審美爲主旨的人物畫在宮廷中漸盛，但僅限於皇家範圍之內。

歷觀唐之前的畫史，關於女性題材繪畫的描寫，並無界定「士女畫」與其它人物畫分離成爲獨立畫科的語言或暗視。如沙門彥悰《後畫錄》載：

> 師模顧（愷之）、陸（探微），骨氣有餘。……婦人亦有鳳態。〔註 88〕

謝赫《古畫品錄》曰：

〔註 87〕《西京雜記》，卷二。

〔註 88〕（唐）沙門彥悰，《後畫錄》，隋孫尚孜，上海美術出版社，1982 年。

用意綿密，畫體簡細，而筆跡困弱，形制單省。其於所長，婦人爲最。但纖細過度，翻更失眞。然觀察詳審，甚得姿態。〔註89〕

裴孝源《貞觀公私畫史》載：

上都定水寺、總持寺、西禪寺均有其畫。又有美人圖、屋宇、鬼神傳於代。〔註90〕

在上述文字中的「婦人」、「綺羅」、「美人」等描寫畫中女性詞語，並無與畫科相關的隱意。唐代畫論中雖然也未明確以「佛道畫」、「士女畫」等來區別畫科，但從其題材及畫家所擅之圖式來看，唐代人物畫的分科已相當細化，〔註91〕畫史中有關女性的詞彙，亦多直指「士女畫」在人物畫中的分科跡象。

《歷代名畫記》卷九載：

（李湊）尤工綺羅人物，爲時警絕。本師閻令，但筆跡疏散，言其媚態，則盡美矣！〔註92〕

《歷代名畫記》卷九另載：

（張萱）好畫婦女、嬰兒。有《妓女圖》、《乳母將嬰兒圖》、《按羯鼓圖》……《虢國夫人出遊圖》傳於代。〔註93〕

《唐朝名畫錄》妙品中載：

（張萱）嘗畫貴公子、鞍馬屏障、宮苑士女，名冠於時善起草，點簇景物，位置亭臺，樹木花鳥，皆窮其妙。又畫長門怨詞，攄思曲檻亭臺，金井梧桐之景也。又畫《貴公子夜遊圖》、《宮中七夕乞巧圖》、《望月圖》，皆多幽思，愈前古也。畫士女乃周昉之倫。〔註94〕

《歷代名畫記》卷十載：

（周古言）中宗時善寫貌及婦女。有《宮禁寒食圖》、《秋思圖》

〔註89〕（南朝）謝赫，《古畫品錄》第五品，劉項，人民美術出版社，1962 年，19 頁。

〔註90〕（唐）裴孝源，《貞觀公私畫史》，孫尚子，人民美術出版社，1962 年。

〔註91〕（宋）郭若虛，俞建華注，《圖畫見聞志》，卷三，江蘇美術出版社，2007 年 8 月，104～150 頁。注：郭若虛所記五十三人物畫家分別以工畫佛道（道像、人物尊者、鬼神）、士女、鞍馬（蕃漢人馬、蕃馬）、人物來分列，另有部分畫家以「兼工」、「兼精」「兼長」等詞來列舉，亦可說明人物畫中分科的明確及細化。

〔註92〕（唐）張彥遠，《歷代名畫記》，唐朝上，人民美術出版社，1964 年，181 頁。

〔註93〕《歷代名畫記》，卷九，唐朝上。

〔註94〕（宋）朱景玄，《唐朝名畫錄》，唐妙品中。

傳於代。〔註 95〕

《歷代名畫記》卷十載：

（韓嶷）工婦女雜畫，善布色。〔註 96〕

《歷代名畫記》卷十載：

（戴重席）工子女，極精細。〔註 97〕

《唐朝名畫錄》妙品中載：

（陳閎）善寫眞及畫人物士女，本道薦之於上國。明皇開元中召入供奉。每令寫御容，冠絕當代。又畫明皇射豬、鹿、兔、雁，並按舞圖及御容，皆承詔寫焉。又寫太清宮肅宗御容，龍顏鳳態，日角月輪之狀，而筆力滋潤，風采英奇，若符合瑞應，實天假其能也，國朝閻令公之後，一人而已。今咸宜觀內，天尊殿中畫上仙，及圖當時供奉道士、庖丁等眞容，皆奇絕。曾畫故吏部徐侍郎本行經幡十二口，皆在焉。又有士女，亦能機織成功德佛像，皆妙絕無比。惟寫眞入神，人物士女，可居妙品。〔註 98〕

《唐朝名畫錄》神品中載：

（周昉）又畫士女，爲古今冠絕，又畫《渾侍中宴會圖》、《劉宣按武圖》、《獨孤妃按曲圖》粉本，又畫《仲尼問禮圖》、《降眞圖》、《五星圖》、《撲蝶圖》，兼寫諸眞及文宣王十弟子卷軸等至多。貞元末新羅國有人於江淮以善價收市數十卷持往彼國，其畫佛像，眞仙、人物、士女，皆神品也；惟鞍馬、鳥獸、草木、林石，不窮其狀。〔註 99〕

《歷代名畫記》卷十載：

（王朏）師（周）昉畫子女。〔註 100〕

《唐朝名畫錄》能品下載：

（王朏）士女之特善也。〔註 101〕

〔註 95〕《歷代名畫記》，卷十，唐朝下。
〔註 96〕《歷代名畫記》，卷十，唐朝下。
〔註 97〕《歷代名畫記》，卷十，唐朝下。
〔註 98〕《唐朝名畫錄》，唐妙品中。
〔註 99〕《唐朝名畫錄》，唐神品中。
〔註 100〕《歷代名畫記》，卷十，唐朝下。
〔註 101〕《唐朝名畫錄》，唐能品下。

《唐朝名畫錄》能品下載：

（蕭溱）士女之特善也。〔註102〕

《唐朝名畫錄》能品下載：

（張涉）士女之特善也。〔註103〕

《唐朝名畫錄》能品下載：

（張容）士女之特善也。〔註104〕

上述描寫中，唐代人物畫中已有了明顯的細分，朱景玄描述周昉之擅長時，將「人物」與「士女」並列，足見「士女畫」已經獨立成科。另外，單從畫史中所記之畫名而言，已無類似「列女圖」的教誡之感，取而代之爲描寫世俗生活的題名。

「士女畫」的新視覺表現形式初建，是與以往傳統功能性人物畫對立而生。其更加注重人物形象的個性表現及審美因素，這種純粹的審美表現，使觀者更加直觀的體會女性形象美感素質。此時的「士女畫」多是單體人物，如，唐初李壽墓（630年）石槨侍女線刻（圖A）、契苾明墓（696年）石槨侍女線刻（圖D）和新疆阿斯塔納230號唐代張禮臣（665～702年）夫婦墓中的六扇《樂舞屏風》等。開元以降，隨著畫家對形象塑造能力的提高，畫家已不滿足於單純表現女性個體姿態，逐步加入花卉、風景背景及人物疊加，使畫面增加了一些簡單情趣感，並在其中加入了情節性因素表現。如，永泰公主墓石槨人物線刻的花卉、人物疊加（圖5-3-4），韋頊墓石槨的小兒士女圖（圖5-3-5）等。特別是出土於西安南郊南里王村韋氏家族墓地的《六扇士女屏風》（圖5-3-6）、阿斯塔納第三區4號唐墓〔註105〕出土的《樹下婦人及女侍》殘片（編號：Ast. iii. 4.010 a.）和《花下遊樂屏風》殘片（編號：Ast. iii. 4.010 b-j.）〔註106〕等，顯然已脫離了早期士女畫的簡單表現方式，人物與環

〔註102〕《唐朝名畫錄》，唐能品下。

〔註103〕《唐朝名畫錄》，唐能品下。

〔註104〕《唐朝名畫錄》，唐能品下。

〔註105〕1、斯坦因爵士根據該墓出土文書中的相關紀年，推斷此墓應建於神龍至開元年間，斯坦因爵士將《花下遊樂屏風》命名爲《春之樂祭》（A musical festival in honour of spring）。參見劉淩滄，《唐代人物畫》，中國古典藝術出版社，1958年，68～69頁。2、從圖中婦女服飾來看，屬8世紀20年代流行裝扮。見白適銘，《盛世文化表象——盛唐時期「子女畫」之出現及其美術史意義之解讀》，《藝術史研究》第九輯，中山大學出版社，2007年12月，15～16頁。

〔註106〕參見岡崎敬，《4 アスタアナ古墳の研究——スタンイン探檢隊の調查を中

境更具交融效果。

（圖 5-3-4）
永泰公主墓石槨外壁北向東間

（圖 5-3-5）
捧罐侍女與彎弓小兒圖

（圖 5-3-6）西安南里王村韋氏家族墓地出土《六扇士女屏風》

心として－》《東西交涉の考古學》，日本東京，平凡社，1973 年，112～119 頁。

三、士女畫的結構形式

屏風是唐代貴族居室中的重要陳設品，更是展示紙絹繪畫的主要載體，玄宗賜於安祿山的「子女」畫與聖武天皇所遺的「子女」畫其載體均爲屏風。《唐朝名畫錄》亦載，以畫士女畫聞名的盛唐畫家張萱常畫「屏障」〔註 107〕。屏風的單列平分式構圖形式直接借用了魏晉長卷繪畫的分段式構圖結構。這種屏風式構圖在魏晉南北朝時期就有所表現，例如，河南洛陽出土北魏寧懋石室的壁板線刻（圖 5-3-7）既是以線刻的建築梁柱來區分開三幅獨立畫面；北齊天保二年（551 年），崔芬墓墓室北壁左下角壁畫中亦繪有一組屏風式人物〔註 108〕。

（圖 5-3-7）北魏寧懋石室後壁板線刻

現已發現最早的唐代實物屏風是出土於新疆阿斯塔納 230 號唐代張禮臣（665～702 年）夫婦合葬墓中的六扇《樂舞屏風》（圖 5-3-8）。由於此屏風殘片資料尚未全部公佈，金維諾先生認爲被大古光瑞帶至日本的《胡服美人圖》亦是六扇《樂舞屏風》之一。〔註 109〕〔註 110〕白適銘先生根據人物動態分析此

〔註 107〕《唐朝名畫錄》，唐妙品中，張萱。

〔註 108〕洪再新，《中國美術史圖像手冊——繪畫卷》，中國美術學院出版社，2005 年 1 月，84 頁。

〔註 109〕陳霞，《唐代的屏風——兼論吐魯番出土的屏風畫》，《西域研究》，2002 年第 2 期，89～90 頁。

〔註 110〕金維諾、衛邊，《唐代西州墓中的絹畫》，《文物》，1975 年第 10 期，26 頁。

屏風繪「舞伎一人及樂伎三人，其餘二人不詳」。〔註 111〕不論《樂舞屏風》中的人物身份為何，就其構圖形式而言，與唐代石槨各壁板的人物分列形式如出一轍。

（圖 5-3-8）新疆阿斯塔納 230 號唐代張禮臣（665～702 年）夫婦合葬墓出土六扇《樂舞屏風》

目前所發現的唐墓壁畫中，繪有屏風的墓葬共有 32 座，其中關中地區 17 座，其它地區 15 座。唐墓中出現的大量屏風樣式，目的是營造墓主生前現實的家居場景，〔註 112〕由此也反映出屏風在唐代貴族社會生活中應用之廣泛。

另外，屏風式的平行分列式組合形式，在唐墓甬道兩壁的壁畫中亦多應用。如，唐節愍太子墓前甬道西壁〔註 113〕及第二過洞東壁的侍女壁畫〔註 114〕，其平行分列形式極其明顯；新城長公主墓第五過洞西壁（圖 5-3-9）和 1987 年發掘於山西太原市金勝村焦化廠的 7 號唐墓的墓室西壁壁畫（圖 5-3-10），同樣是利用殿宇立柱來分割各組人物，形似三聯屏風式樣。

〔註 111〕白適銘，《盛世文化表象——盛唐時期「子女畫」之出現及其美術史意義之解讀》，《藝術史研究》第九輯，中山大學出版社，2007 年 12 月，9 頁。

〔註 112〕李星明，《唐代墓室壁畫研究》，陝西人民出版社，2005 年，167 頁。

〔註 113〕陝西省考古研究院，《壁上丹青——陝西出土壁畫集》，下，科學出版社，2008 年，295 頁。

〔註 114〕陝西省考古研究院，《壁上丹青——陝西出土壁畫集》，下，科學出版社，2008 年，289 頁。

（圖 5-3-9）新城長公主墓第五過洞西壁壁畫

（圖 5-3-10）山西太原金勝村焦化廠 7 號唐墓室西壁壁畫局部

士女畫發展至盛唐，其形式、內容已相當豐富，但爲什麼唐代石槨侍女線刻從始至終卻保持相對單一的形式與內容？竊以爲主要是因作爲線刻載體的石槨壁板本身的類屏風式形制所限定。另外，作爲「東園密器」的石槨，其裝飾亦有嚴格規制，侍女的妝飾及形態必須與墓主身份相符。再者，石槨是墓葬的核心，線刻的莊重性質要遠高於一般的繪畫作品，石槨上的侍女不允許出現如其它士女畫中坐、臥等散漫形態，必須顯現出高貴、素雅的端莊形象，才能襯托出墓主的高貴身份。

第四節　唐代線形的特徵

一、「密體」與「疏體」

歷史爲後世提供的研究素材永遠都是片面的。當我們用視覺的方式研究某一歷史時期的繪畫風格時，不可避免的會套上現代人的眼光，可將這種方式姑且稱爲「想像的方式」（稱想像的方式比稱視覺的方式更爲可取）。〔註 115〕當我們用想像的觀看方式來看某段歷史時期的繪畫，理應以推展的眼光去認識那個時代，有什麼樣的藝術精神和繪畫形式可供其時的創作者來選擇，只有進入其歷史的特定氛圍當中，才能對其進行相對客觀的闡釋。

魏晉人物畫線形的規律，主要表現爲一種圓弧形波狀線的行筆方式，這種「循環超乎」的弧形線，對塑造人物之飄動感起到至關重要的作用，線條之間的往復運行，使線形之間具有了一定的空間感。然而，這種線形在視覺感受上具有一定的封閉性及向內收縮的傾向。而唐代人物畫，特別是盛唐已降，人物畫的線形則呈現出一種向外擴展「具有傾向性的張力」。〔註 116〕視象中所反映出的這兩種極具差異的繪畫風格，就是我們常說的「密體」與「疏體」之區別。

歷代畫論中，「密體」與「疏體」都是單獨論之，只以時間先後爲排列，而兩者之間是否具有沿承的關係，則比較模糊。上世紀 70 年代，黃苗子先生在對唐代墓室壁畫遺存研究後指出：「如果沒有之前畫家在繼承密體，並向疏體發展所取得的成就，「吳家樣」也就無從談起。」〔註 117〕從而，明確了魏晉流行之密體畫法與唐代所尚的疏體畫法具有密切的流變關係。

張彥遠在《歷代名畫記》中，從畫面的直觀感受上，指出了密體與疏體的區別：

> 顧、陸之神，不可見其盼際，所謂筆跡周密也。張、吳之妙，筆才一二，象已應焉。

而將魏晉南北朝至唐代的人物畫連貫起來，組成一組連貫畫卷，密體向疏體的轉變則更加顯而易見。那麼，又是什麼樣的理論觀念促使了這種

〔註 115〕（瑞士）H·沃爾夫林，《藝術風格學》，遼寧人民出版社，1987 年，11 頁。Heihrich Wolfflin，1864～1945。

〔註 116〕（美）魯道夫·阿恩海姆，滕守堯、朱疆源譯，《藝術與視知覺》，四川人民出版社，2006 年，568 頁。

〔註 117〕黃苗子，《唐壁畫瑣談》，《文物》，1978 年，73 頁。

轉變？

藝術作品一經產生便不可避免的要面對觀者。觀者的身份大致有兩種，一種是鑒賞家，他們對圖像的時代性情境更感興趣。另一類是藝術家，他們往往試圖用某種方式擺脫前人視象的風格影響，得以產生自己的面貌，來續寫風格的歷史。第一類觀者以文字相傳，第二類的觀者則見諸於其本人的藝術作品。

繪畫作爲圖像表達的一種方式、一種精神的載體，作者的繪畫理念決定了作品的表達方式。

魏晉南北朝時期追求自由、玄空的觀念，賦予了繪畫更爲豐富的精神內涵。在此過程中，中國繪畫從對現實物象的臨摹，逐步進入抒發事物生命本質的藝術取向。就創作主體而言，「六法」的提出，在繪畫發展史上具有里程碑意義。唐代張懷瓘則在其《畫斷》中將「六法」進行了更加具體的延伸和提升。朱景玄更是將人物畫的最高境界定格爲「不拘常法」的「逸品」。其後黃休復則具體的爲「逸格」做出引申：

> 筆減形具，得之自然。〔註 118〕

可見，「逸者必簡」。〔註 119〕「筆減」與「形具」則相呼應，以「筆減」而達到「形具」，給畫面中的線形設定提出了更高的要求。既要簡化又要充分表現對象的狀態，如此，就必須增加線形表現的內涵才能達到「形具」的效果：

> 筆才一二，象已應焉。離披點畫，時見缺落，此雖筆不周而意周也。〔註 120〕

以創作觀念而言，「緊勁聯綿，循環超忽」的密體向「筆才一二，象已應焉」之疏體的轉變。決不是單純的風格變化，其對中國繪畫具有極具現實的本體論意義。

二、線形張力的轉化

魏晉南北朝的繪畫大體分爲兩類，一種是以謝赫、毛惠遠以及其弟惠秀、

〔註 118〕黃休復在其《益州名畫錄》中提出「逸、神、妙、能」四格，其逸格之義是：畫之逸格，最難其儔，拙規矩於方圓，鄙精研於彩繪，筆減形具，得之自然，莫可楷模，出於意表，故目之曰逸格爾。

〔註 119〕參見徐觀復，《中國藝術精神》，華東師範大學出版社，2001 年。

〔註 120〕張彥遠，《歷代名畫記》論顧陸張吳用筆。

子毛棱等人爲代表的宮廷畫家，大多筆法細緻、點畫精研，其巧密之風爲當世所推崇。另一種則以謝惠遠、謝約、宗測、姚當度及其子沙門惠覺等畫家爲代表，看重繪畫當中的自我表現，其筆法可能較爲簡略。經過齊梁時代畫家們在繪畫個性表現上的深化，到張僧繇時代，一種有別於晉宋時期的「疏」體畫風已逐漸顯現於世。疏體與密體只是相對而言，兩者具有相互包容、相互轉化的作用，就如衛協的「精」出於畫工之「粗」，張僧繇之「疏」孕於顧愷之的「密」。如果說魏晉之際的畫家們更多在「精」、「密」方面繼承發揚了顧愷之的風格，齊梁之際的畫家們正是從「疏」的角度去發現並深化了顧愷之的另一方面。歷代流傳的摹本雖不足信，但在總體上的用線形式還是能顯示出這兩方面的特徵。

魏晉南北朝人物畫與唐代人物畫的用線形式進行對比，有諸多相似之處，細究起來這兩種線形的用線軌跡有極大的區別，特別是兩者在對曲線線形的運用上面有著本質性的差異。

以顧愷爲代表「緊勁聯綿、循環超忽」的密體畫風，線條多表現爲圓弧狀的有轉無波，形成一種圓環形的「循環超忽」翻滾不盡的感覺，可說是以「周」的觀念在塑造形體。弧度基本一致的圓弧線被「組織」在畫面當中，轉折愈複雜，圓線則會愈多。而在以張僧繇爲基礎的唐代疏體畫風中，直接採用具有曲線變化的線來交待，線條依結構變化而迴旋波折。如此，一根一波幾折的線代替了幾根弧度一致的線，線條的組合方式相對之前要簡潔得多，用筆少了也就顯得「疏」了。

將這兩種曲線進行對比時，利用視覺經驗，會發現魏晉「圓形」曲線相對比較規範、硬度比較強，張力點集中、尖突。而唐代「迴旋波折」的線形張力點比較分散，形成了圓形線所不具備的柔和性。〔註 121〕

魏晉時期對衣褶紋的處理方式，是用大小相同、首尾相接、略呈圓形的線條，並排或互相套接而組成密集的線群。高度有序的組合方式層層相包相繞，形成有一定趨向的整體線群。這種具有內縮性質的圖形相互疊加，在視覺上形成的人物服飾幾乎都具有一種厚重的包裹感，使得人體結構被包容在內而無從顯現（圖 5-4-1）。

審美觀念的轉變也帶動了藝術造型手段的改變。唐代以降，由於對人體

〔註 121〕（美）魯道夫・阿恩海姆，滕守堯、朱疆源譯，《藝術與視知覺》，四川出版集團、四川人民出版社，2006 年 10 月，612 頁。

結構認識的增強，藝術家力圖以不同的人體特徵來表現人物的象徵性性格。而密體的這種極具包裹感的圓形線形顯然不能滿足畫家對人物體型特徵表現的欲望。是以，唐代畫家便利用一種更加貼切人體的拋物線型曲線來取代圓形線形。由於這種線形的曲線與人體結構的帖服性較強，使得人物的衣服產生了更加貼體、輕薄的視覺效果。

（圖 5-4-1）
《冬壽夫人像》壁畫局部

圓形線形「在量一定時，產生於內在的力要大於外在的力。」〔註 122〕（圖 5-4-2-A）魏晉時期的圓形線形組合，其向心的內聚力使得人物拘謹內縮。而唐代人物畫中的波折線，交替運用作用力與反作用力，給線形本身帶來了明顯向四周擴散的張力（圖 5-4-2-B），使得人物呈現整體向外延展的趨勢。

（圖 5-4-2）曲線張力對比圖

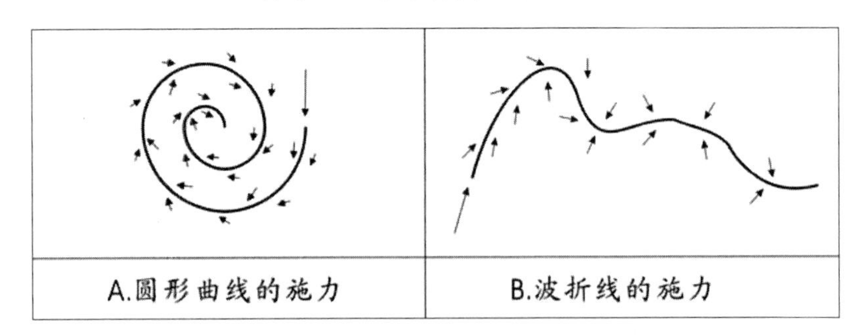

薛儆墓石槨內壁北向西間線刻侍女的右臂外側弧線與左肩及披巾的外凸弧線配合產生了向外的擴張感（圖 5-4-3）。薛儆墓石槨內壁西向北間壁板男裝侍女襆頭及臀、腿部的飽和弧線明顯具有向外的發散性（圖 5-4-4）。李憲墓石門西門扉線刻門吏右肩、臀腿部的外凸感（圖 5-4-5）及石槨內壁西向中間

〔註 122〕（俄）康定斯基，羅世平、魏大海、辛麗譯，《康定斯基論點線面》，中國人民大學出版社，2008 年 8 月，53 頁。

壁板線刻侍女雙肩的結構性飽滿線形極具外擴張力（圖 5-4-6）。這些線群都不會在視覺聯想上產生魏晉繪畫中圓形的內縮感受。

（圖 5-4-3）
薛儆墓石槨內壁北向西間線刻

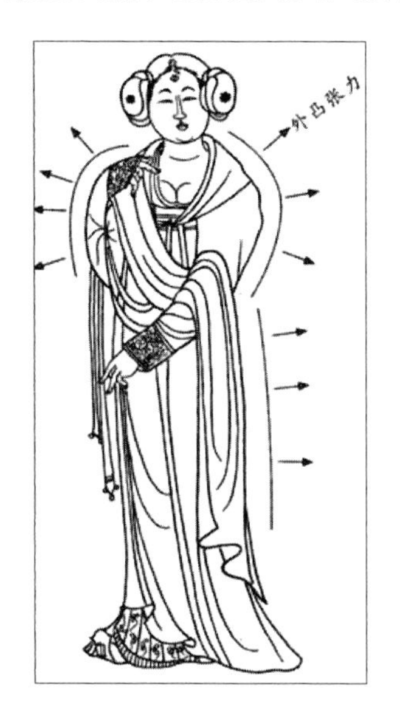

（圖 5-4-4）
薛儆墓石槨內壁西向北間線刻

（圖 5-4-5）
李憲墓石門西門扉線刻

（圖 5-4-6）
李憲墓石槨內壁西向中間壁板線刻

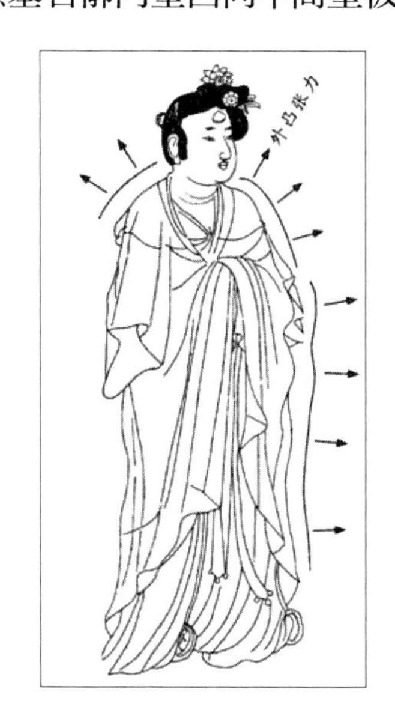

魏晉南北朝人物畫中的圓形曲線在視覺上形成的的收縮感（圖 5-4-7-A）也體現出當時人們尋求自我完善的心理特點。而唐代平面造型中向外擴展的外凸張力（圖 5-4-7-B），則符合了唐人的審美訴求，同時也是唐代開放、博大社會形態的貼切體現。

（圖 5-4-7）魏晉圓形曲線與唐代拋物線形曲線張力對比圖

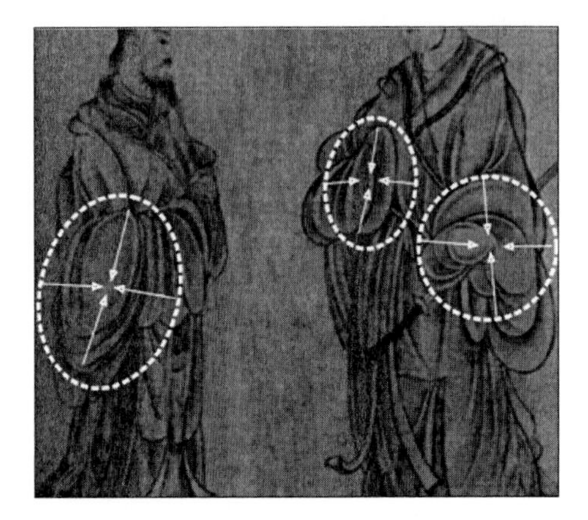

A. 魏晉圓形曲線的內縮張力

B. 唐代拋物線形形曲線的外凸張力

第五節　空間秩序

一、圖與底

繪畫所顯示的空間關係，並不是單純現實物象的直接反射，它與人的視覺感知經驗、主觀表達方式和畫面形式表現密切相關。

唐代石槨人物線刻與傳統繪畫一樣，都是將材質本身作爲背景，以獲得視覺模擬的深度感。這些由輪廓所組成的人物，看上去似乎是懸浮在石質底層之上的空間當中。人物並列排布，主體以外的背景不做景深處理，使得畫中景物並無無遠近大小的空間差異，這種表現方法自然會使圖像產生了一種懸浮、遊逸在空中的感覺。

李壽墓（630 年）石槨線刻中的主體形象與背景形成兩個層面，人物平列排布保持爲一個平面，背景即爲石材表面（圖 5-5-1），整體人物脫於「基底」之上。這種懸浮的現象顯然不是其本身的物理實質，而是由於觀看者大腦注意機制的心理誤差所造成的視覺主觀選擇性現象，恰與卡夫卡的「圖形－背景」理論相吻合〔註 123〕。

永泰公主墓石槨內壁北面東間（圖 5-5-2）和武令璋墓石槨立柱上的花卉侍女線刻（圖 R-9、圖 R-10、圖 R-12、圖 R-13），底面背景與主體人物之間又加入了花、鳥的第三層空間關係，使得畫面的深度更加增強。由於除背景外的兩層畫面內容相互錯開，使得畫面較兩層式空間結構更加豐富。

（圖 5-5-1）李壽墓石槨立部伎線刻兩層深度示意圖

（圖 5-5-2）永泰公主墓石槨內壁北面東間線刻三層深度示意圖

永泰公主墓石槨內壁南面西間線刻，在三層深度之外，還加入了第四層，即在前景人物的前面又加入一人物，形成四層深度關係。而第四層人物是爲陪襯主體人物而設，主體人物（身份較高者）佔據畫面中心位置，第四層人物（身份較低者）處於側邊甚或只有半身、背影（圖 5-5-3）。

通過以上比較，可以看出中國傳統畫家在處理空間關係上的智慧，他們將現實中不同環境下的不同事物，從新平列、相錯組合在同一幅畫面中，得

〔註 123〕考夫卡認爲，在特定的畫面條件下，面積小的面總是被看作「圖」，而面積較大的面被看作「背景」。詳見：（德）庫爾特・考夫卡，黎煒譯，《格式塔心理學原理》第五章，環境場——圖形和背景格局，浙江教育出版社，1997 年 9 月。

（圖 5-5-3）永泰公主墓石槨內壁南面西間線刻四層深度示意圖

以形成前後的空間關係。這種空間關係是由不斷的層疊所造成的視覺錯覺，作爲基底的材質面永遠保持本身的「整一性」〔註 124〕，每附加一層的同時，下面一層圖像就自然成爲上面圖形的「基底面」。這種處理方式不同於西方畫家在畫面中極力將不同事物放在同一環境之內的「全景裝置」〔註 125〕。中國古代傳統畫家往往用錯維和塡充的方式將不同角度、不同空間觀察的景象描繪在一幅畫中，甚至有些情節毫不相干，即使是多層圖形的大小也不受透視所限制。這樣的一種處理觀念，爲感性的形式表達提供更大空間，畫家可以主觀地在畫面中添加所要表現的景象，而不會產生視覺上的不適和突兀感。

唐代人物線刻是依靠人物的平面輪廓的先後次序來製造空間關係，有意將人物的平面圖形逐次平行於背景（石材）平面，利用重疊遞進的方法來解決深度問題，而不是借助現實物象中的體積、光線及時差來決定畫面的空間概念。〔註 126〕如永泰公主墓石槨內壁南面西間線刻的四層空間關係，畫家通

〔註 124〕（美）魯道夫·阿恩海姆，滕守堯、朱疆源譯，《藝術與視知覺》，四川人民出版社，2006 年 10 月，294 頁。

〔註 125〕（德）阿道夫·希爾德勃蘭特，潘耀昌譯，《造型藝術中的形式問題》，中國人民大學出版社，2004 年 6 月，27 頁。

〔註 126〕（瑞士）H·沃爾夫林，潘耀昌譯，《藝術風格學》第二章，遼寧人民出版社，

過平列的四層相互重疊的景物（包括背景），組成由背景內向外連續性推進的系列層次，這個層次就如人們上臺階一樣逐步深入，在視覺上形成跳躍性的、由裏向外或由外向內逐層深入的效果。這種利用重疊建立起的空間關係，在中國古代繪畫中無處不在，特別是在中國傳統的山水畫中，顯得極其明顯而又富於變化。在山水畫中，山與峰之間、峰與雲之間及山與樹之間，基本上都通過這種交錯重疊的遮進方式建立起各自相對的空間位置：

> 構圖的程序從前至後分成三個點列的層面。個別的山和樹形的輪廓與造形都自成體。一個部分接著一個部分，一個母題連著個母題，正面地依次遞增。即使是並列的要素，互相之間實際上也豪無聯繫。重疊的三角形山的母題提示著斜向後退，每叢群山都限於三至四層：然後山脈斷裂了，躍向畫面更高一段，再重新開始。其空間處理也由此劃分爲佔據畫面的前景、中景與遠景一個分離的層面，各自都有其後退的角度。這些層面存在於三個平行的面上，每層都以其本身提示的地面向觀眾呈現不同的斜度。」〔註 127〕（圖 5-5-4）

（圖 5-5-4）《隼鴨圖》分層示意圖

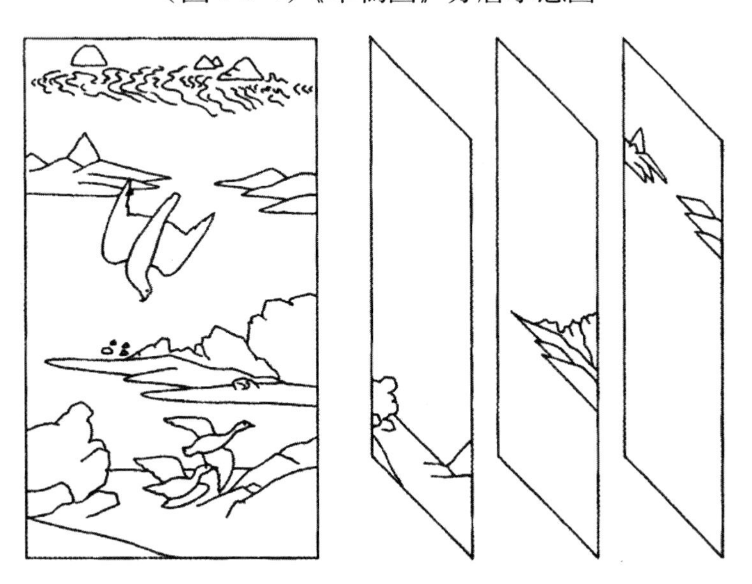

1987 年 8 月，87～88 頁。

〔註 127〕（美）方聞，李維琨譯，《心印——中國書畫風格與結構分析研究》，陝西人民美術出版社，2006 年 1 月，21 頁。

這種中國式的「圖底」關係相當微妙，畫面中的每一個單體都是一種平面化元素，它們同時處於整體畫面所呈現的三度空間之中。各單元之間既是一種平面排列，同時又呈現出一種向深度延展的視覺效果。由於這兩種看似相互對立視覺構成模式的相互作用，使得中國式的畫面「產生了更爲複雜的形式和更爲深刻的含義。」〔註 128〕

二、圖形的張力

在同一幅畫面中，兩個不同形狀的圖形，它們在密切重合、相交、偏離或脫離狀態下，形式本身之間所具有相容與相斥的張力。對觀者來說會出現非常不同的視覺反映。兩個不同形狀的圖形相互脫離、互不相交時，這兩個圖形在視覺反映上，會處在同一平面上（圖 5-5-5-A）。當兩個圖形的中心基本重合時，這兩個圖形便具有了基本相同傾向的張力，圖形之間會基本保持各自自身內的相對穩定（圖 5-5-5-B）。永泰公主墓石槨內壁東面中間線刻所描繪的兩個相對的侍女，由於這兩個侍女在畫面中互不相交，使得這兩個人形在視覺上基本處在同一層平面（圖 5-5-6）。

當兩個圖形的中心出現偏離時，就會出現相互交錯的各自向反方向脫離的傾向張力，並把兩個圖形的各自整體分裂開來，從而破壞了各自圖形的整體感，〔註 129〕這兩個相錯圖形的反方向張力，本身就具有相互脫離的傾向，從而在人的心理反應上形成了相對脫離的空間感覺（圖 5-5-5-C）。就如永泰公主墓石槨外壁南面東間線刻所描繪的兩個相錯侍女，除了人爲所設定的層次

（圖 5-5-5）張力示意圖

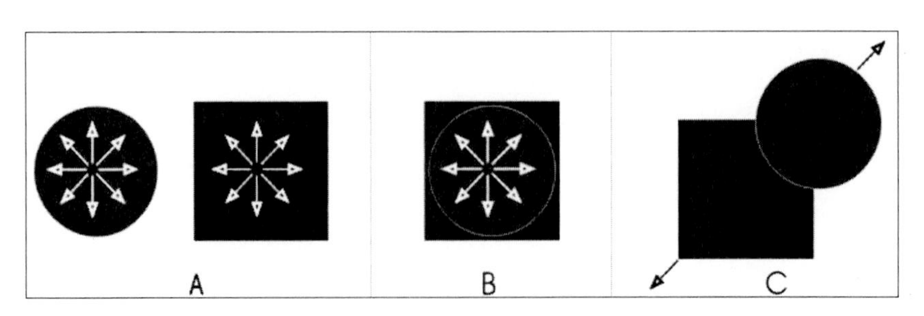

〔註 128〕（美）魯道夫・阿恩海姆，滕守堯、朱疆源譯，《藝術與視知覺》，四川人民出版社，2006 年 10 月，154 頁。

〔註 129〕（美）魯道夫・阿恩海姆，滕守堯、朱疆源譯，《藝術與視知覺》第五章，空間，四川人民出版社，2006 年 10 月，293～298 頁。

（圖 5-5-6）永泰公主墓石槨內壁東面中間線刻平行圖像示意圖

（圖 5-5-7）永泰公主墓石槨外壁南面東間線刻反相張力示意圖

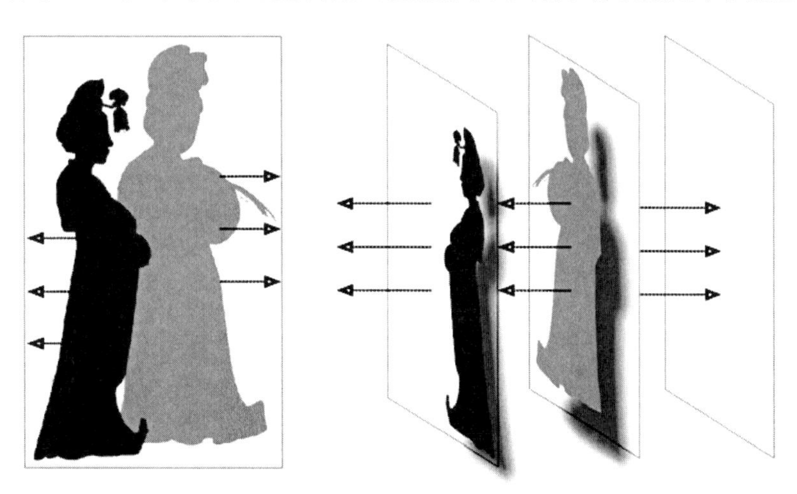

外，這兩個相交人形本身就具有反相脫離的張力，重合的部分越少其反相的張力就越強，從而加大了兩者之間的距離感。即便這兩個侍女人形基本重疊在一起，還是可以憑藉對人物形狀的視覺經驗，想像出遮擋部分的形態，使觀看者能夠感受到這兩個人形各自的連續性整體。這也證明，當人的理性思維中的感知經驗在不受直觀視覺的限制時，兩個相疊圖形之間的分離張力就顯現了出來。

三、遊觀的視點

唐代石槨人物線刻中的平列縱深現象，顯然是源於南北朝（386 年～589 年）的「二元」透視模式。〔註 130〕「二元模式」是假定一個形體應當同時從正背兩面來觀看，當這個形體以「二元」形式出現時，就會從心理上引導觀眾的視線前後縱向平行移動，而不是像焦點透視那樣在畫面中只有一個焦點。

傳統畫家有意識地這樣處理人與景的關係，現實中人與景之間的作用關係，被畫家主動捨棄。這樣就爲觀者提供了一個主動遐想像的空間，當人們在觀看這些作品時，會無意識的聯想到平時所見現實物象的空間經驗，並且根據自己的視覺經驗將畫面從新整合。

中國傳統繪畫的空間關係並沒有僅停留在畫幅之內，而是無限延展。畫家利用「遊觀」的觀察方法，削弱了背景中視覺焦點所體現出的空間狀態，從而使觀者產生無限深遠的假設空間。「這個無限的空間卻是在一個有限的空間的某一個精確的位置上自我矛盾地呈現出來的。」〔註 131〕如果用焦點透視的方法來處理畫面，這種無限的空間效果則無法實現。在唐代石槨線刻中，不同景物的視點並不是畫面的統一焦點，另外，畫面中的人、景是以平面化的線形組成，各單元本身的焦點本就不鮮明。並且由於各單元的形式感相同，使得畫面保持了整體、統一的效果，使得這種看似毫不相干的組合不會顯得突兀。甚至於「逆透視現象」（Inverted Perspective）也會在畫面中得以「合理化」呈現，例如，唐代石槨線刻中經常出現的近景人物小於後面人物的現象，明顯違背了視覺常規，產生了一種近小遠大的效果，但卻並未影響畫面的藝術感染力。

很明顯，唐代石槨線刻樣本畫家在創作時，並不是以同一環境、同一視角來處理畫面中的各單元人物。而是以人物身份地位的不同來決定畫面中的主次、大小、體量的關係。換言之，就是並非只憑眼睛或單一視點來描繪自然，會把它想像爲某種變動不居的「由各種感覺同時理會的東西」，〔註 132〕

〔註 130〕（美）巫鴻，李清泉、鄭岩等譯，《中國古代藝術與建築中的「紀念碑性」》，世紀出版集團、上海人民美術出版社，2009 年 4 月，344 頁。

〔註 131〕（美）魯道夫·阿恩海姆，滕守堯、朱疆源譯，《藝術與視知覺》，四川人民出版社，2006 年版，399 頁。

〔註 132〕（德）阿道夫·希爾德勃蘭特，潘耀昌譯，《造型藝術中的形式問題》，中國人民大學出版社，2004 年 6 月，22 頁。

更加偏重畫面所表達的人文價值。就如，出土於河南洛陽的北魏元謐石棺兩側石刻，作者將不同時間、不同地域、不同狀態的人物統一在同一個時間框架之中，「畫面中的人物既不屬於過去，也不屬於現在；他們所代表的是從歷史和人類行爲中抽象出來的、沒有時限的儒家理想人格典範。」〔註 133〕

中國傳統的「遊觀」觀察方式，與西方的瞬間性透視不同。畫家將時間與空間在畫面中互爲辯證，解決了二維平面中時間與空間的矛盾，使傳統中國人物畫的表現形式更具特色。〔註 134〕例如，在傳爲顧閎中的《韓熙載夜宴圖》中，作爲主角的韓熙載分別在五個不同場景中同時出現。這種表現方法在整體空間中形成了時間上突破，使觀者在同一畫面中不自覺的感受到韓熙載在夜宴中的不同表現，體驗到情節在不同空間、不同時間的發生和流動。畫面中空間的突破引代出時間的繼續，而時間的延續又突破了整體空間的統一。

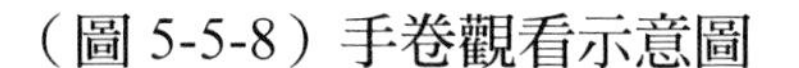
（圖 5-5-8）手卷觀看示意圖

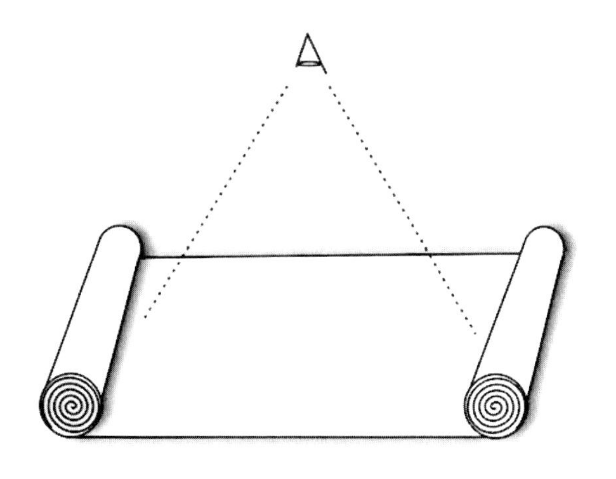

更加能說明問題的是，中國所特有的手卷式繪畫，與長卷遊走觀看方式不同的是，觀看手卷時，觀者的視點相對固定，通過手卷的逐段移動展開而進行欣賞。手卷的特點是橫向構圖，寬度窄而長度極長，觀看時，就如畫家作畫一樣，由右至左逐段觀看。畫卷向後漸漸展開的同時，前面已看過的部分則徐徐卷起，觀看者的視線範圍局限於兩手之間展開的一段局部畫面（圖 5-5-8）當中，就如同觀者主觀的將整幅畫切割成若干個獨立畫面。

通過以上分析，唐代石槨人物線刻主要是利用人的視覺經驗來處理畫面的空間關係，並以統一的線性來協調畫面秩序。中國式的「遊觀」觀察方式的建立來源於秦漢時期漢時期平面空間的組織形式，人物採用較易表現外形

〔註 133〕（美）巫鴻，李清泉、鄭岩等譯，《中國古代藝術與建築中的「紀念碑性」》，世紀出版集團、上海人民美術出版社，2009 年 4 月，353 頁。

〔註 134〕陳斌，《傳統中西繪畫空間意識比較》，河南大學美術學碩士論文，2007 年，9 頁。

特徵狀態，最易形成概念化「剪影式」圖形的正、側兩個角度。這就使得畫面中的人物彼此之間不能重疊，否則就會使單體人物圖像的個體形式特徵受到損失，由此也就決定了傳統人物圖像，在畫面當中必須採取「遊觀」平列排布的組織形式。基於深受西方影響的當代人視覺習慣，我們會在這些作品當中發現若干不符合「常理」的空間關係。主要原因是由於我們往往以「焦點」的視覺習慣來理解「中國式」的空間秩序。而焦點透視原則只是文藝復興所建立的一個「階段性成果」，「它並不具有絕對的意義和永恒性」，即便是西方現代繪畫也不能以此一言概之。更何況與西方處於完全不同文化背景之下的中國繪畫，那種把中國傳統空間表現說成是散點透視，或說成是與「空氣透視法」具有同義表現的說法則多有畫蛇添足之嫌。〔註 135〕

〔註 135〕漢及，《宮樂圖——關於中國傳統繪畫中空間表現的思考》，《東南文化》，2002 年第 10 期，64～67 頁。

第六章　形式風格

唐代石槨人物線刻是以幾個相對集中的線群來塑造人的複雜形體造型，由表現關節轉折結構的結構性線群及豐富畫面的裝飾性線群所組成。每一組線群都代表著一種方向上的暗示，線群之間的配合就是各種「暗示」相互呼應、相互平衡，構成了一個感覺意義上完整的中國人物畫線群組合。這種平衡不是現實形體上的物理平衡，而是畫家對於畫面中線的主觀分佈，在視覺上所產生的意象整體。是通過線條相加而成的具有共同走向的線群之間的配合，所形成視覺感知上的「眞實」形象。

本章將對組成唐代人物繪畫線形形式組合中的結構性線群與裝飾性線群進行單列分析，並關注兩者間的作用關係與演變軌跡。以此來探求唐代石槨人物線刻的形式風格及演化規律。

第一節　結構性線群

一、視覺經驗的轉變

魏晉南北朝時期，南北方的文化交流促使南朝建安文化對北方長安繪畫藝術產生巨大影響，並形成多元化繪畫風格同時並進、融合，同時，由西域傳入的印度佛畫風格在中國本土藝術中逐步得以顯現。隋代統一之後，結束了三國兩晉南北朝長達三百多年的紛亂動蕩，長安吸引了南北方各地的繪畫名家，來爲皇家貴族服務，形成了有史以來空前壯大的畫家群體，各種畫風在此競相爭豔互爲影響。唐代人物繪畫就是在這樣的多元化格局中漸漸融合演進。唐代墓室人物線刻，是將魏晉南北朝時期的北方「長安模式」、南方「建安模式」與西來佛畫的造型程序逐步融合而成，是中國歷史上第一次南北相融的新「長安程序」。這一時期，印度佛畫風格與褒衣博帶式的漢化風格和後期的疏體畫風交相柔雜，並存於世，唐代人物畫的風格特徵就來源於這些因素。這種多元的狀況在張彥遠《歷代名畫記》中得以證實：

> 上古之畫，跡簡意澹而雅正，顧、陸之流也。近代之畫，煥爛而求備；今人之畫，錯亂而無旨，眾工之跡是也。〔註1〕

隋代初唐之際，中國結束了長達三百多年魏晉南北朝（220年～589年）的分裂動蕩時期，社會的穩定也給繪畫藝術帶來的長足發展的平穩基礎。這一時期對於中國人物畫的發展至關重要，是中國人物畫繼漢代之後又一高峰的開端，並成爲魏晉南北朝向唐代藝術風格過度的一座橋梁〔註2〕。由於繪畫的主要消費貴族大多集中於京都，以至幾乎所有知名畫家在此時都彙聚於長安城，隋代大興土木，僅在《歷代名畫記》中就記錄了隋代展子虔、李雅、鄭法士、董伯仁、鄭德文、楊契丹、江志、陳善見、孫尙子、曇摩拙義等人集居大興城圖繪壁畫。另外，隋煬帝喜好書畫並廣聚書畫，這也是吸引繪畫高手的一個原因，據《隋書》載：

> （隋煬帝）聚魏已來古跡名畫，與殿後起二臺，東曰妙楷臺，藏古跡，西曰寶蹟臺，藏古畫。〔註3〕

初唐畫家與隋代一樣，也大多活動於長安，其中的代表是尉遲乙僧、張孝師、何長壽、靳智異、范長壽、尹琳和閻立德、閻立本兄弟。如此多不同畫風的畫家彙集一地，爲形成基本統一的唐代畫風提供了堅實的基礎。

從以上諸人在畫史上的記載來看，其人物畫畫風基本可劃分爲西域風格、南朝風格和北齊風格。

西域傳來之新畫風以強勁之勢傳入中原，至隋唐已臻於極盛之境，以至諸畫派亦莫不與西來之胡風有若干聯繫。僧人畫家曇摩拙義，隋文帝時自天竺入本朝，〔註4〕康國畫家康薩陁唐初寄居長安，〔註5〕尉遲跋質那和尉遲乙

〔註1〕張彥遠，《歷代名畫記》，卷一，論畫六法。

〔註2〕王伯敏，《中國繪畫史》，文化藝術出版社，2009年9月，104頁。

〔註3〕《隋書》，卷三十二，志。

〔註4〕（唐）張彥遠，俞建華注，《歷代名畫記》卷八，上海人民美術出版社，1964年，160頁。

〔註5〕向達，《唐代長安與西域文明》第17節，西域傳來之畫派與樂舞，三聯書店，1957年。桑原氏謂薩陁當係康國人，向達先生從「康薩陁」的發音考證桑原氏之語不拗。

僧是直接由于闐進入中原的畫家〔註 6〕，靳智翼則是在繼承北齊曹仲達風格的基礎上進行了中式變革的畫家，嚴棕評其曰：

祖述曹公〔註 7〕，張改琴瑟，變夷爲夏，肇自斯人〔註 8〕。

雖然西域風格的人物畫在當時具有一定的市場，但在此階段的畫壇中起著主流作用的還是以南朝畫風和北齊畫風。南朝畫風既是張僧繇的疏體風格，鄭法士與孫尚子「共師於張」〔註 9〕，孫尚子還習顧愷之、陸探微，范壽〔註 10〕、何長壽亦師張僧繇。張孝師善畫釋道人物，吳道子曾效法其畫，按理應爲疏體畫風。展子虔與董伯仁分別從南陳和北周一同被隋文帝召入，兩人初至長安，彼此頗爲相輕，經過一段時間的相互交流，使董伯仁「頗采其（展）意」〔註 11〕。董伯仁初爲南朝畫風與展子虔分屬南北〔註 12〕，展子虔則是典型的北齊畫風，但後來「動筆形似」〔註 13〕、「董、展同品」〔註 14〕。隋初統一之時，南北畫風，各具風貌，各有所長，經過相互交流、影響。董伯仁與展子虔便是魏晉南北朝多元風格在隋之後相互融合的一個例證。楊契丹的人物畫是「山東體制」〔註 15〕，其畫風應該也是北齊風格。閻立德、閻立本均爲皇家畫師，是初唐最負盛名的人物畫家，兩人畫風兼具南朝與北齊畫風，曾分別師法於展子虔、楊契丹、張僧繇、鄭法士等人，彥悰在《後畫錄》中謂閻立本之畫：

〔註 6〕尉遲乙僧，于闐（今新疆和田）人，著名畫家尉遲跋質那之子，世稱其父爲「大尉遲」，子爲「小尉遲」，生卒年不詳。乙僧好學典藝，博達技能，畫承家學，二十歲左右畫已出名。唐貞觀六年（632 年）于闐王因其「丹青奇妙」薦送長安，太宗（627～649 在位）授宿衛官，後又襲封爲郡公。

〔註 7〕何志明、潘運告先生在《唐五代畫論》中所譯「曹公」爲曹不興，但與」變夷爲夏」相聯繫，其解釋應是有誤。

〔註 8〕嚴棕，《後畫錄》，靳智翼。《唐五代畫論》，湖北美術出版社，2006 年 11 月，3 頁。

〔註 9〕張彥遠，《歷代名畫記》，卷八，隋。

〔註 10〕《後畫錄》作「唐武騎尉范壽」，《歷代名畫記》作「范長壽」。

〔註 11〕張彥遠，《歷代名畫記》，卷八，隋。

〔註 12〕張彥遠，《歷代名畫記》，卷八，隋：「初董與展同召入隋室，一自河北，一自江南，初則見輕，後乃頗採其意。」

〔註 13〕張彥遠，《歷代名畫記》，卷八，隋。

〔註 14〕李嗣眞，《畫後品》，展子虔。《唐五代畫論》，湖北美術出版社，2006 年 11 月，30 頁。

〔註 15〕嚴棕，《後畫錄》，楊契丹。《唐五代畫論》，湖北美術出版社，2006 年 11 月，2 頁。

奇態不窮，象生變故，天下取則。

從畫史的記錄來看，初唐的釋道、帝王人物畫相當出眾，而仕女畫與盛唐相較則顯得非常稀少，並且沒有專攻綺羅的畫家出現。然而，將畫史記載與可考的隋代、初唐人物畫遺存來對應，最爲顯見的差別是，初唐墓葬中所出現的大量侍女形象在畫史中卻很少提及。

將唐代石槨人物線刻以時間爲序對形式表現進行比較，會發現其形式風格有著逐步明確表達人體結構的趨勢。雖然這種表現反映在短短的一百餘年間，但其更深層的形式意義，則體現在唐代之前人物畫形式表現的長期積纍和對外來文化的積極融合之上。特別是魏晉南北朝繪畫對唐代人物畫影響至深，甚至可以說，唐代人物畫既是魏晉南北朝人物畫的理論及技法的整合與深化。

隋代初唐之際，中國結束了長達三百多年（魏晉南北朝 220 年～589 年）的分裂動蕩時期，社會的穩定給繪畫藝術帶來了長足發展的平穩基礎。這一時期對於人物畫的發展至關重要，是中國人物畫繼漢代之後又一高峰的開端，是魏晉南北朝向唐代藝術風格過度的一座橋梁〔註 16〕。

對於唐初人物畫，大部分學者都以閻立本所代表的中原畫風和尉遲乙僧爲代表的西域畫風來分割初唐的畫壇。〔註 17〕以閻立本爲代表的初唐本土畫風，無論從人物造型還是線群的秩序，都具有典型的本土特點，張彥遠稱其畫：

六法具備，萬象不失。〔註 18〕

李嗣眞謂其畫：

象人之妙，號爲中興。〔註 19〕

貞觀初于闐國王推薦尉遲乙僧來華，而其父尉遲跋質已在隋時就已進入中原，兩人均善佛畫，世稱「大尉遲」、「小尉遲」。尉遲乙僧的繪畫與中國本土畫風截然不同，應是以印度暈染畫法所影響的西域畫法，朱景玄在《唐朝名畫錄》中將尉遲乙僧與閻立本的繪畫進行對比，並說：

（尉遲乙僧）皆是外國之物象，非中華之威儀。

（閻立本）畫外國之人，未盡其妙。

〔註 16〕王伯敏，《中國繪畫史》，文化藝術出版社，2009 年 9 月，104 頁。

〔註 17〕李星明，《唐代墓室壁畫研究》，陝西人民美術出版社，2005 年 10 月，242 頁。

〔註 18〕張彥遠，《歷代名畫記》，卷二，敘師資傳授南北朝時代。

〔註 19〕張彥遠，《歷代名畫記》，卷九，唐朝上。

根據以上文字，兩者之間的特徵差異相當明顯。

以石槨人物線刻爲典型的唐代人物畫形式風格，主要是由中國早期傳統「概念化」線群組織與外來繪畫形式相互碰撞、融合而形成。「概念化」線群則是中國傳統人物畫形式組織的基礎，並主導著中國人物畫一直保持著強烈、鮮明的本土化特徵而發展。

初唐石槨人物線刻存在著兩種顯然不同的形式風格。成於貞觀五年（631年）的李壽墓石槨人物線刻（圖 6-1-1）及墓室壁畫（圖 6-1-2），顯然出於同一套樣稿，從人物的造型和形式風格來看，基本延續了南北朝「秀骨清像」的表現特徵〔註 20〕。概念化的人體表現觀念依然明顯，從人物形體特徵所反映出的圖像信息，可以看出，依然延續漢魏以來窄長、無明顯凸凹感的傳統女性審美特徵。人物的結構細部表現被簡化的非常薄弱，人體特有的曲線被

（圖 6-1-1）李壽墓石槨內壁東向西間壁板線刻

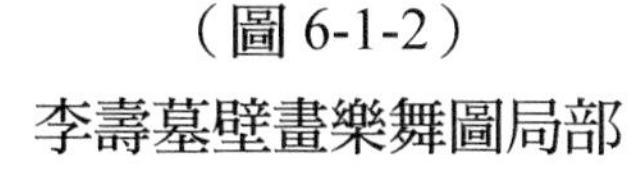

（圖 6-1-2）李壽墓壁畫樂舞圖局部

〔註 20〕例如，北齊婁睿墓中的《出行圖》壁畫與李壽墓壁畫《出行圖》比較，兩者的表現內容相同，技法相似，形式構成類似，顯然是北齊繪畫對初唐影響所致。

直筒式造型所掩蓋。這種概念化的體徵形象在同期的人物造型中表現頗多，例如，上海博物館所收藏的隋代女舞俑（圖 6-1-3）、敦煌莫高窟隋代第 62 窟壁畫供養人像〔註 21〕、隋開皇十一年（591 年）盧諠兄弟造像石上的供養人像〔註 22〕、陝西禮泉縣出土的初唐楊溫墓墓室東壁壁畫的侍女（圖 6-1-4）和傳爲閻立本所繪《步輦圖》中侍女的造型形式。

（圖 6-1-3）
隋代女舞俑

（圖 6-1-4）
楊溫墓墓室東壁的侍女圖

與李壽墓相差 33 年的鄭仁泰墓（664 年）石槨人物線刻，雖然同屬於初唐時期，但兩者的形式風格卻大不相同。與李壽墓石槨人物相比，畫家有意關注到人體體積結構表現，人物已不再呆板僵化，面部飽和豐滿，面相似佛畫中的形象，身體已有了明顯起伏變化（圖 6-1-5）。顯然，鄭仁泰墓石槨人物線刻受到了西式體量觀念的影響，其形式風格與秀骨清像的概念化形式表現明顯不同。這種與傳統風格相異的現象，應該就是靳智翼所代表西域畫風「張改琴瑟，變夷爲夏」的演化形式。此後李晦墓（689 年）石槨人物線刻所顯現的兼具兩者特徵的形式風格，將兩者融合的更加微妙（圖 6-1-6）。

隋代、初唐多種技法雜存的現象，即是中國本土畫家在傳統人物繪畫「概念化」的基礎上充分吸收印度體積表現畫法，並將兩者進行融合轉化的一個過程。

〔註 21〕陳夏生主編，《中華五千年文物集刊——服飾篇》，上，（臺灣）中華五千年文物集刊編輯委員會，1986 年 9 月（中華民國 75），圖 139。

〔註 22〕張鴻修，《隋唐石刻藝術》，三秦出版社，1998 年 7 月，44 頁。

人類早期的平面造型是一種概括性線群組合。秦漢之際，平面藝術家所關注的是畫面中人物的社會功能性特質，即繪畫的情節性表現，〔註 23〕人物的頭部、身體都是有固定的形式程序，並以人物的身份性質來區別，畫家會根據不同人物的動作將它們配置組合起來。在古埃及平面作品中有著與漢畫像石極爲相似的穩定不變的法則——「正面律」，另外，在美索不達米亞早期藝術中這種藝術表現方式也屢見不鮮。〔註 24〕可見，這種將人物典型局部配置成整體的組合形式，是早期人類所共有的視覺表現手段。

（圖 6-1-5）
鄭仁泰墓石槨
立柱人物線刻

（圖 6-1-6）
李晦墓北向
西間壁板線刻

早期人類的狀態就如人的童年一樣，兒童在作畫時，並不是以直接對景形式來描繪，而是以記憶的形式在「想像」中復原現實物象。這種記憶的描繪形式必然不會有具體形象的準確描寫，只是一種概括性造型形式，這也是早期人類共性的直覺表現。在經過數千年的積纍後，西方的平面造型受到進步科學的影響，逐步形成以對景寫生的方式來加強平面造型視覺眞實性的表達，而中國繪畫卻還一直沿著這種「記憶」的概括性塑形方式繼續發展，並在秦漢之際形成了一種相對固定的概念化（類似符號性質）配置組合形式的造型程序。

秦漢時期的畫家在作畫時，並不將人體作爲一個整體來看待，而是將人體的組成部分：臉、肩、軀幹、四肢單獨對待，是一種無機組合形式。例如，湖南省博物館所藏的戰國帛畫《龍鳳仕女圖》中，人物的組成分爲三段，正

〔註 23〕從現已發現的考古資料來看，這一時期的平面藝術幾乎都偏重於畫面中所體現出的故事情節性。

〔註 24〕這種典型的人物組合方式，早在五千年之前的古埃及和西亞就已定型，「並且保持了大約三千年基本未變」。

側面的頭部、寬袖及手、形似船型的曳地長裙。再如，山東嘉祥出土的東漢《孔子見老子畫像》中，正側面的臉部與正面的軀幹，生硬的組合成一體（圖 6-1-7）。

（圖 6-1-7）
《孔子見老子畫像》局部，東漢

漢畫像石的剪影式輪廓線〔註 25〕表現手法，對人體結構表現具有一定的局限性，使得漢畫像石中所製人物的體癥結構體現的並不明確。即便是在平面表象上，剪影式造型在表現人物的結構也會被其所穿服飾所掩蓋，從而不能明確顯現出來。還有更重要的一點，秦漢之際，藝術家受到當時對平面造型的空間、體積的表現手段的局限，還無法利用線條來具體描寫人體的具體結構特徵。所以，在現已發現的漢畫像石中，所看到的人物造型都是以人物的服飾、頭冠來確定並分出類型式概念化人物造型。以至於才會出現，不同地區的畫像石人物的體徵基本相同的現象，這一點，可在很多不同地點的畫像石的同一類人物的造型極其相似的現象得以證明。可以想見，這種現象除了粉本流傳的作用外，就是這一時期人們對人物造型的結構理解及表現能力的匱乏所致。

在漢畫像石人物造型的整體統一性表現是經過畫家對概括形式的程序化整理、歸納而形成。從大部分漢畫像中，我們可以看出，圖像中人物的身份或造型的大小都有所不同，但卻有一個共同的形式特點，就是所有的人物造型形式都以幾何形狀爲基本組合雛形。以山東嘉祥東漢武氏祠前《朝拜圖》爲例，圖像中的人物組合外形，都呈幾何化形式，這些幾何形狀基本歸納爲三種：長方形（直線）、圓形、三角形（圖 6-1-8）。雖然這種幾何形式增加了畫面的裝飾性及整體性，但是，人體結構卻基本被概念化的外形所掩蓋，人體的突出骨點體現不明顯。《朝拜圖》中人物的肩部作弧線下滑，看不出肩部在衣服當中人體骨點的撐起位置，即便是《右側人物聳起的肩部也與人體正

〔註 25〕（美）方聞，李維琨譯，《心印——中國書畫風格與結構分析研究》，陝西人民美術出版社，2006 年 1 月，12 頁。

（圖 6-1-8）山東嘉祥東漢武氏祠前《朝拜圖》畫像石幾何形組合示意圖

常結構不符。當人體將手臂平伸時，上部也會在衣袖表面撐起兩節狀弧度，而右側平伸握刀者，其手臂上部呈一條直線。這些由於對人體結構線缺乏理解和表現的現象幾乎在所有漢畫像石中都可看出，即使在墓室壁畫中也多有表現（圖 6-1-9）。

（圖 6-1-9）《弟子圖》局部

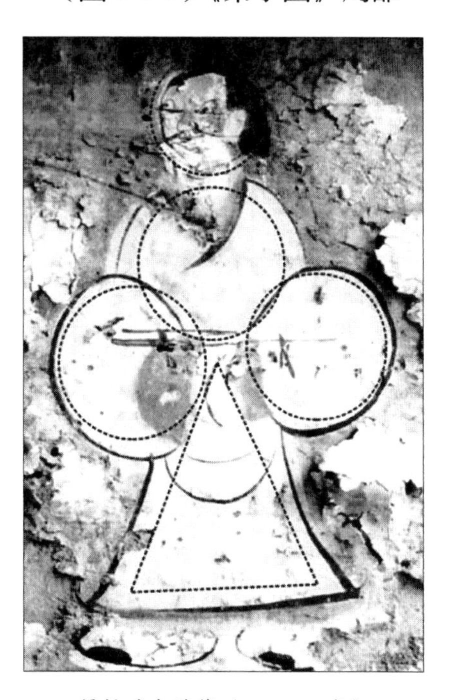

楊橋畔東漢墓（25～220 年）
墓室東壁上層中段

人體是一個相對複雜的綜合體，對於早期畫家來說，其微妙、複雜的變化非常難以把握，而將人體的各部分組合分別投射到平面之上，就會形成相對簡單的類幾何形狀，以這些相對容易把握的形狀組合而成的人形，即符合人體的基本特徵，又符合平面表現的整體關係。〔註 26〕這種幾何歸納形式是早期人類建立人爲秩序的體現，人爲（圖形）形式的幾何化越高，就與混沌形式的區

〔註 26〕漢代畫像石中的人物組合外形，都呈幾何化形式，這些幾何形狀基本歸納爲三種：長方形（直線）、圓形、三角形。雖然這種幾何形式增加了畫面的裝飾性及整體性，但是，人體結構卻基本被概念化的外形所掩蓋。

別越鮮明，人的自我意識也就會愈加得到自足，而作爲幾何形式的兩種絕對形態——方與圓，則是早期人類初建視覺秩序的標誌之一。這是早期人類對於視覺形式的自覺性發展，也是人類對於視覺形態的一種純粹自律性感知。〔註 27〕

漢畫像石中所體現出的「剪影式」〔註 28〕括約形的表現形式，是處於造型手段初級階段藝術家的直覺性歸納表現。這種極具共性的表現帶有明顯的集中性和緻密性，也就是在說，這些幾何形狀圖形具有在平面中很容易將它們與底面區別開來的特性〔註 29〕。它將所有類似的人形進行分類，並以這類人物造型中的共有特點作爲典型性造型呈現出來，突出人物的共性表現而忽略了個性。並且，這種程序化的表現特點，較易掌握，很容易被畫工所接受。

東漢晚期，由於中央集權的削弱，各地氏族的勢力得以擴張，整個社會結構發生了很大的變化。使得秦漢以來所推崇，已被神化的儒學，逐漸趨於落寞，儒家思想所提倡「成教化，助人倫」的繪畫宣教功能觀念也隨之淡薄，人們已不滿足於千篇一律的呆板繪畫造型，開始關注於個性的表達，同時也促進了人物表現技法的提升。畫家逐步對之前的以輪廓線勾描人形的簡單技法產生動搖，聽命於純粹的視覺感知來描寫形體〔註 30〕。繪畫中反映現實生活的題材逐步增多，並且在人物形象表現上，已經由概念化平面形式向立體表現邁進。1956 年江蘇銅山苗山出土的東漢《神農畫像》，人物臉部一改之前的剪影式造型，取而代之的是 45 度角半側面。1916 年發現於河南洛陽八里臺東漢墓的《上林苑鬥獸圖》，不但臉部是半側面，而且，人物的身體也出現了轉動跡象（圖 6-1-10）。雖然此時的人物畫對概括性造型形式有所突破，但是，畫家對以線來表現人物造型的體積感和質量感的手段還沒有明確把

〔註 27〕就此點而言，可能就無法用李澤厚先生的「積澱說」來對其作以解釋了。李澤厚先生的「積澱說」的主要意思是指，形式的產生是以內容爲前提，其內容（意義）積澱（溶化）在形式當中，美的形式如果離開內容就不是美了。李澤厚，《美的歷程》，文物出版社，1981 年，27 頁。

〔註 28〕（美）方聞，李維琨譯，《心印——中國書畫風格與結構分析研究》，陝西人民美術出版社，2006 年 1 月，12 頁。

〔註 29〕（美）魯道夫·阿恩海姆，滕守堯、朱疆源譯，《藝術與視知覺》，四川人民出版社，1998 年，237 頁。

〔註 30〕（瑞士）海因里希·沃爾夫林，《藝術風格學》，中國人民大學出版社，2004 年 1 月，19 頁。

握，表現人體結構的線群亦未明確起來。〔註 31〕即便如此這種看似簡單的變化，卻標誌著畫家對臉型的透視觀念及對人體結構理解的跨越性轉折。

此時繪畫中人物的形體狀態與漢畫像石的幾何形造型相較，比較注意內部線形與外形的統一關係。在對於人體結構的把握上，不論是較細的線形還是相對較粗的線形，都還沒有將表現人體結構的線群明確起來。有學者認爲，望都 1 號東漢墓《主薄像》（圖 6-1-11）中，較粗的線是對人體在衣服包裹下的體積形成的陰影的表現。〔註 32〕對人體結構所形成的陰影的覺察，本是視覺經驗中之常事，但這一時期的畫家將陰影作平面性的處理，只是屬於

（圖 6-1-10）
《上林苑鬥獸圖》局部，東漢，磚畫

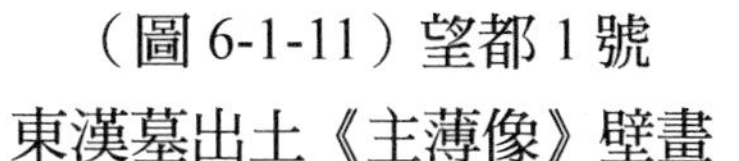

（圖 6-1-11）望都 1 號
東漢墓出土《主薄像》壁畫

〔註 31〕Mary H.Fong 認爲，望都 1 號東漢墓《主薄像》中，較粗的線是對人體在衣服包裹下的體積形成的陰影的表現（Mary H.Fong, "The Technique of 'chiaroscuro' in Chinese Painting from Han Through tang", Artibus Asiae, vol.XXXVIII, 2.3.1976, PP.91~126.）。而臺灣學者石守謙先生則持否定意見，他認爲，對人體結構所形成陰影的感知，是人的本能視覺經驗，這一時期的畫家將陰影作平面性的處理，只是屬於一種概念性的記錄行爲，線的粗細變化也只是畫家用筆特點，這與利用陰影來表達物象的立體與人體結構，顯然大有差別（石守謙，《風格與世變——中國畫十論》，北京大學出版社，2008 年 7 月，31 頁）。

〔註 32〕Mary H.Fong, "The Technique of 'chiaroscuro' in Chinese Painting from Han Through tang", Artibus Asiae, vol.XXXVIII, 2.3.1976, PP.91~126.

一種概念性的記錄行爲，線的粗細變化也只是畫家用筆特點，這與利用陰影來表達物象的立體與人體結構，顯然大有差別。〔註 33〕由於傳統儒家觀念的限制，魏晉之前人們對於人體結構的表現研究，還處在迴避狀態，雖然也有半裸的人體圖像，卻可看出並沒有對人體結構明確交代的意圖，如，長沙馬王堆 1 號漢墓出土之 T 形帛畫最下段的托地巨人形象。及至十六國時期，傳統畫家在表現人體上還處於概念性的畫出四肢軀幹及頭部，敘事性繪畫的觀念使得畫家並沒有將對人體結構深入研究放在主導地位。

魏晉南北朝時期，佛教在中國逐漸勢大，由西域傳來的印度佛教藝術，對中國傳統造型藝術產生了巨大影響，此後的唐代人物畫無不受此影響。

（圖 6-1-12）《天女散花》局部

公元 5 世紀，獅子岩（西基利亞山，今斯里蘭卡）

中西方藝術的差異在於靈感的來源不同，東方的靈感源自於天人合一的整體自然觀念，而西方的靈感直接來自於人體自身之美。〔註 34〕印度佛教暈染表現程序（圖 6-1-12）在魏晉南北朝時期進入中國後，對中國本土人物畫帶來了巨大的衝擊。

佛教繪畫進入中國之初，當熟悉了「概念化」〔註 35〕線性表現的藝術家，看到第一幅暈染畫法的繪畫時，可以想見，這種「立體」的塑形方式會在他們視覺上產生多麼大的衝擊。在對如此「眞實」的繪畫感到震驚的同時，必然會促進本土畫家對傳統的塑形觀念進行反思。

受印度影響強烈的樓蘭鄯善壁畫和克孜爾壁畫，不論是造型形式或暈染技法都與印度同時期繪畫如出一轍（圖 6-1-13），而相對接近中原的敦煌魏晉

〔註 33〕石守謙，《風格與世變——中國畫十論》，北京大學出版社，2008 年 7 月，31 頁。

〔註 34〕林語堂，《林語堂論中國繪畫》，《朵雲》，1989 年第 1 期。

〔註 35〕早期藝術創作大多是立足於傳統觀念的知識體系，並非立足於視覺觀看，「即一種以『概念性圖像』進行創作的藝術」。貢布里希，《藝術與錯覺》，湖南科學技術出版社，2000 年。

（圖 6-1-13）
克孜爾新 1 窟後甬道頂《散花天女》局部

（圖 6-1-14）
敦煌莫高窟 249 窟窟頂北披局部

壁畫中已經很少見到這種暈染的處理方法。取而代之的是帶有凹凸畫法的壁畫佔據了絕大多數〔註 36〕。莫高窟北涼 272、275 窟壁畫及莫高窟西魏 249 窟窟頂北披（圖 6-1-14）壁畫，畫家以較寬的色帶畫出人體的胸、腹、臂的體積，顯然，他們是用這種色帶來表現光線照射下，人體的轉折部位所呈現陰影效果，用以體現人體的體積結構關係。顯然，中國本土畫家在不能完全理解這種外來「立體」表現的處境下，只能以慣用的線形表達形式來模仿這種「立體」圖像。以至產生了以加寬線條的方法，來機械的模擬表現人體體積的暈染效果，〔註 37〕從而產生了這種徒具形式的色帶技法：

印度佛畫　→　西域梵畫　→　敦煌壁畫
暈染體積畫法　→　線染結合　→　概念化色帶程序

魏晉南北朝後期，本土畫家對於陰影表現手法的理解逐步深刻。據《建康實錄》載，張僧繇在南京附近的一乘寺繪製壁畫時，即曾以西域畫法作畫：

其花乃天竺遺法，朱及青綠所成，遠望眼暈如凹凸，就視即平。〔註 38〕

〔註 36〕（美）方聞，《敦煌的「凸凹畫」》，《國際漢學會議論文選》，臺北中央研究所，1981 年，73～94 頁。
〔註 37〕石守謙，《風格與世變——中國畫十論》，北京大學出版社，2008 年 7 月，34 頁。
〔註 38〕（唐）許嵩撰，《建康實錄》，卷十七。

可見，疏體畫風中已借鑒了印度暈染畫法講求以明暗烘託造就「立體」的方法。與之相似的是北周李賢墓墓室壁畫人物，採用較粗的鐵線描均勻勾勒出形象，用筆簡練，是典型的疏體畫風，而臉部則以赭色暈染出凸凹效果，明顯帶有暈染畫風的特點（圖 6-1-15）。

（圖 6-1-15）
北周李賢墓墓室壁畫局部

南北朝之後，受到視覺眞實感的驅使，本土畫家的主導思想發生了變化，他們將關注點放在如何能在繪畫線群的組織關係中，體現出人體結構與傳統視覺感受上的統一性，企圖以線形代替「陰影」的表現手段，力圖在線性繪畫中突破二維空間限制，〔註 39〕達到以線代體的「立體化」效果。隨之，結構性質的線描在隋代有了基礎表現，據石守謙先生研究，敦煌莫高窟 276 窟西壁的隋代直立《文殊菩薩像》：

> 姿勢變化的微妙豐富，超出其它較早的立姿人像。由其頭部的前傾，上半身的斜側，腹腰的微凸，到雙腳的穩立，全身呈示了一個不受壁畫平面拘束的微妙連續曲線。〔註 40〕（圖 6-1-16）

這種以線的轉折穿插所形成不受平面拘束的現象，實際上就是畫家利用結構性線形在平面造型中取代「陰影」的表現方法，通過線群的穿插、轉折描繪出人體體積結構的視覺幻象。

隋代、初唐，西域畫風影響致廣，以至諸畫派亦莫不與西來之胡風有若干聯繫。這一時期，印度佛畫風格與傳統畫風交相雜糅並存於世，這種多元的狀況在張彥遠《歷代名畫記》中得以證實：

〔註 39〕參見 Wan Fong "Ao-t'u-hua or 'Reoeding-and-protruding Painting' at Tun-huang"，臺灣中央研究院國際漢學會議論文集編輯委員會編，《國際漢學會議論文集》，臺北市中央研究院，1981 年（民 70 年），73～94 頁。

〔註 40〕石守謙，《風格與世變——中國畫十論》，北京大學出版社，2008 年 7 月，42 頁。

上古之畫，跡簡意澹而雅正，顧、陸之流也。近代之畫，煥爛而求備；今人之畫，錯亂而無旨，眾工之跡是也。〔註41〕

（圖 6-1-16）敦煌莫高窟 276 窟西壁《文殊菩薩像》局部

初唐人物畫多種技法雜存、融合的形式風格演變進程中，跨文化交流起著至關重要的作用，而這種文化交流是在兩個或多個特定的文化背景之間進行信息碰撞。以威爾伯・施拉姆的傳播模式〔註42〕來解釋中國傳統畫家在接收和理解由印度傳來的文化信息時，由於受到文化背景信息整合方式等因素的影響，必然會傾向於用自己的視角來理解對方的思維方式，從而有選擇地接受對方的信息素材。魏晉時期，當佛畫跟隨佛教傳入中國之初，中國傳統畫家是憑著視覺的直觀反應來接收這種外來形式風格。

經過南北朝時期本土線描與凸凹畫法的交融，隋代初唐畫家已對印度佛畫的造型結構觀念有了相當的瞭解，然而，爲什麼中國畫家並沒有對傳統的線形意識產生動搖呢？除了固有的文化、哲學影響及線形繪畫的無窮意象變化一直導引著中國畫家的精神世界之外，中國傳統的視覺選擇性特性也限制了人物繪畫向西式體積表現繪畫轉型的可能性。因爲，繪畫語彙必然依賴於社會語境而存在〔註43〕，中國式「遊觀」的構圖方法並不注重畫面範圍內的固定視點，這種觀察方式並沒有再現性視覺因素所要求的統一的空間、體積、透視等畫面構圖要求。中國「遊觀」式的構圖形式具有強大的內容包容性，不同場景、不同時間的事物都有可能放入同一畫面之內，所以，畫家必須沿用這種以線造型的形式來統一整體畫面形式，否則，畫家就不得不放棄

〔註41〕張彥遠，《歷代名畫記》，卷一，論畫六法。

〔註42〕譚自強，《圖解跨文化交流學》，世界圖書出版西安公司，2010 年 3 月，18 頁。

〔註43〕張強，《中國人物畫學》，河南美術出版社，2005 年 2 月，143 頁。

這種中國式的觀察方式以及支持它們的傳統文化、哲學的背景觀念，顯然，這種放棄是不可能的，也不可能被傳統社會所接受。

所以，中國本土畫家就必須在意象線形與結構體現這兩者看似衝突的表現形式上進行融合性探索，畫史中所載初唐靳智翼的「變夷爲夏」便是這種嘗試的具體表現。此外，中國本土藝術家之所以能夠很快的接受佛畫的形式原則，與兩者之間基礎繪畫理論的相互接納有著很大的關係。中國早期的典型繪畫理論「六法」與印度傳統繪畫的金科玉律法「六支」有著明顯的相通性。〔註44〕

初唐以降，本土畫家已經能夠結合本土形式觀念來對外來風格進行揚棄的處理，爲形成唐代的新形式風格奠定了基礎。總的來講，魏晉士人和高逸雖然把中國畫的創作精神提高到了「得意忘象」的認識上，時至寫眞繪畫初始的隋代、初唐之際，作爲貴族藝術取向體現的唐代石槨人物線刻，不能不在「狀物描形」之中尋求新的法度與新的技巧。既要適應貴族的審美趣味和眼光，另一方面，還要顧及當時所普遍認同的「象人」準則，只有這樣，才能遵照禮儀法度的規則而受到承認。在此時，一般意義上的「肖形」雖然重要，但由魏晉以來長期形成的形式表現觀念，又使其必須按以往的繪畫程序進行處理，因而，初唐時期人物畫中所表現出的形式風格，大多還延續著魏晉南北朝匠作的概念化造型手法與精謹的程序化描繪技巧。

〔註44〕中國本土藝術家之所以能夠很快的接受佛畫的形式原則，與兩者之間基礎繪畫理論的相互接納有著很大的關係。中國早期的典型繪畫理論「六法」與印度傳統繪畫的金科玉律法「六支」有著明顯的相通性。金剋木先生依據印度孟加拉畫派的主要畫家阿巴寧德羅那特·泰戈爾（1871～1951年）1942年在《國際大學季刊》（Visva-Bharati Quarterly）中的《阿·泰戈爾專號》（印度）中的解釋，對《欲經》中「六支」原文按照中國詩文節律翻譯成中文，其文如下：「形別與諸量，情與美相應。似與筆墨分，是謂藝六支。」金剋木，《印度文化論集》，中國社會科學出版社，1983年10月，202頁。分屬於不同地域的「六支」與「六法」有著如此密切的聯繫，必然有其合理的關聯原因。印度與中國早在漢代便多有交往，而佛教的傳入則將印度的藝術也隨之帶入。魏晉伊始，佛教在中國興盛，大批天竺僧人及佛教畫家進入中國。姚最及張彥遠在《續畫品》和《歷代名畫記》中即列舉了數位天竺畫家在中國進行創作，是以，中國傳統藝術強烈的受到印度造型形式及藝術觀念的影響，由於印中交通的暢通，這種影響是相互的。關於「六支」及「六法」理論的產生，筆者認爲，最爲合理的解釋應是在這種兩地藝術相互影響的同時，在各自民族藝術觀念的基礎上，同時形成的共通性繪畫藝術理念。

二、結構性線群的顯現

武周（690～705 年）前後，中外交流在魏晉之後形成第二次高峰，中國本土畫家已對西域畫風已瞭解至深，並逐步找到了取代色暈畫法以線形描繪人體結構、體積感的表現辦法。

武周崇佛，各地佛寺峰起，大量的佛寺需求促使本土畫家必須具備繪製佛畫的技能，在大量的佛畫工作中，印度體積表現理念對中國本土概念化表現手段的影響更加深化。在此時，外來的印度文化已不僅僅影響著唐人對周圍世界的形象感知，甚至還影響到思維方式（思維習慣）〔註 45〕。唐代畫家對於線形的理解已與之前的傳統線形表現形式有了天壤之別。早期人物畫線形主要起著框界人形的作用，而此時線條的表形作用，已形成了以人體結構作爲基礎的體積化表現形式。具體的說，就是利用客觀人體的起伏變化來確定畫面中線條的轉折、穿插，得以表現人物「眞實」的效果。與此同時，進入中原的西域畫家也對中國傳統線形造型觀念有了深刻的研究。唐代彥悰在《後畫錄》中評尉遲乙僧之繪畫：

> 筆跡灑落，有似中華。〔註 46〕

張彥遠對乙僧佛畫中的用線亦有較高評論：

> 畫外國及菩薩，小則用筆緊勁，如曲鐵盤絲；大則灑落有氣概。〔註 47〕

湯垕在《畫鑒》中亦說：

> （乙僧）作佛畫甚佳，用色沉著，堆起絹素，而不隱指。

「而不隱指」就是說，其畫雖設色厚重，但卻未掩筆墨線條。從中顯示出本土畫風與西域畫風兩者之間的長期互滲狀態。

這種突出表現人體結構的線群在此時的石槨人物線刻中有了明確顯現，對人體由姿勢動態所產生的結構變化和人體的凸出骨點已有了主動的表達。永泰公主墓石槨內壁北面次間線刻侍女（圖 6-4-17-A），畫家利用在結構突出部位的飽滿線形具體的描畫出了侍女體型的轉折關係，由人物下視的頭部所形成的頸部、內縮胸部及突出腹部弧線，連接成了女性的 S 形身軀。頸部的

〔註 45〕 譚自強，《圖解跨文化交流學》，世界圖書出版西安公司，2010 年 3 月，46 頁。

〔註 46〕 嚴悰，《後畫錄》，《唐五代畫論》，湖北美術出版社，2006 年 11 月，3 頁。

〔註 47〕 張彥遠，《歷代名畫記》，卷九，唐朝上。

九十度轉折線，表現出脖頸柱體由胸部中央突起的結構特徵。肩肘部及小腹部硬度較強的飽和弧線，體現出前後突起的體積及骨點挺起狀態。由此組合成的結構線群，已經可以體現出人體的動姿和基本結構，其它較鬆線形只是起著連接和豐富形式的作用。

（圖 6-1-17）結構線群

A、永泰公主墓石槨內壁北面次間線刻；B、韋詢墓石槨東向南間線刻；C、韋頊墓石槨持鏡侍女線刻。

同時期的墓室平面造型中，這種表現隨處可見。韋詢墓石槨東向南間侍女（圖 6-4-17-B）及韋頊墓石槨持鏡侍女（圖 6-4-17-C），肩肘的骨點顯然比較準確，小腹的突起亦顯示出侍女體型的轉折關係。永泰公主墓前室東壁南側侍女群像壁畫的前排中間 45 度站立侍女，同樣具有這種女性典型的體姿——頭部向右傾斜，胸部向左扭轉，臀部又向右聳出（圖 6-1-18）。這種極具美感的優雅姿態，富有一種曲線美的節奏感。這種 S 形含胸凸腹的身姿，顯然是受到了佛教菩薩形象的體姿影響（圖 6-1-19），其根源既是印度三屈式造型程序。由於畫家對結構線群的掌握，此時的人物動態愈加豐富，章懷太子墓石槨外壁南向西間的弄花侍女，頭、頸、肩的轉折關係和諧，並顯示出，由身體扭動所產生的連帶衣紋效果（圖 6-1-20）。

（圖 6-1-18）
永泰公主墓前室東壁
南側侍女群像局部

（圖 6-1-19）
唐代敦煌莫高窟
199 窟菩薩

（圖 6-1-20）
章懷太子墓石槨外壁
西間線刻

「S」形的體姿主要體現在半側面人物中，而永泰公主墓石槨內壁北向東間正面侍女（圖 6-1-21）和懿德太子墓前室西壁北鋪正面侍女（圖 6-4-22）的左側聳胯動姿，則較「S」形的凸腹更難表現。兩個侍女腹部與胯部的錯位扭動感清晰準確，顯然較李壽墓中傳統「筒形」造型形式準確生動了許多。

綜合這一時期的平面作品，對於表現人體結構的追求已是普遍現象，畫家基本掌握了利用結構線群表現人物動姿的能力，表明了唐代

（圖 6-1-21）
永泰公主墓石槨
內壁北向東間線刻

（圖 6-1-22）
懿德太子墓前室
西壁北鋪正面局部

畫家對隋之前繪畫中概念化人物表現觀念徹底的絕別。

漢晉人物畫與唐代是分屬不同領域的表現觀念，前者是在對概念性表現中尋求線形秩序的韻律；而「後者則是在對形象「逼眞」效果的要求之上，再尋求相外的韻味」，〔註 48〕兩者雖有相承關係，但基本塑形理念則是完全不同。這種突出表現結構的現象，是盛唐形成程序化結構線群的前奏。

三、結構線群的成熟

開元時期，貴族色彩濃重，政治、文化氣度恢宏。〔註 49〕以張僧繇爲代表的疏朗大氣畫風，適合了這一時期的社會特性。唐代寫眞性繪畫的流行爲其注入了「寫實性」表現的內容，並結合暈染畫法的體積表現觀念形成了「吳家樣」的形式表現特徵。

（圖 6-1-23）菩薩

絹本，盛唐，俄羅斯國立艾爾米塔什博物館藏

這一時期，畫家對於人體結構的理解已達到相當高的程度。雖然由於社會觀念的原因，不能像西方藝術家能夠結合醫學來瞭解人體的內部構成，但是，從視覺表象來進行研究人體結構性特徵的深入程度已不亞於西方畫家。俄羅斯國立艾爾米塔什博物館所藏的盛唐時期絹本《菩薩像》（圖 6-1-23）中，菩薩的體態鬆弛自然，人體結構準確、流暢，特別是腰、臀的轉折關係，表現的相當微妙自然。

現藏於德國國立博物館，發現於新疆吐魯番地區的《羅漢像》絹本殘片，畫家以羅漢頭上部的三條結構線準確明晰地表現出額頭、頂骨、枕骨結構，並利用眉上的兩條弧線顯出眉骨的凸起結構效果，臉部側面耳前的弧線與鼻側的結構線條表現出突起的顴骨和鼻側肌肉的拉伸感（圖 6-1-24）。此畫未採用「暈染」的體積表現方法，僅以線條即清晰的表現出「羅漢」的結構特徵。同樣在阿史那懷道夫婦墓（727 年）石槨上的宦官臉部亦顯示出準確結構用線軌跡（圖 6-1-25）。

〔註 48〕石守謙，《風格與世變——中國畫十論》，北京大學出版社，2008 年 7 月，48 頁。

〔註 49〕孔令偉，《中國美術簡史》，上海人民美術出版社，2005 年 9 月，60 頁。

（圖 6-1-24）《羅漢像》絹本殘片

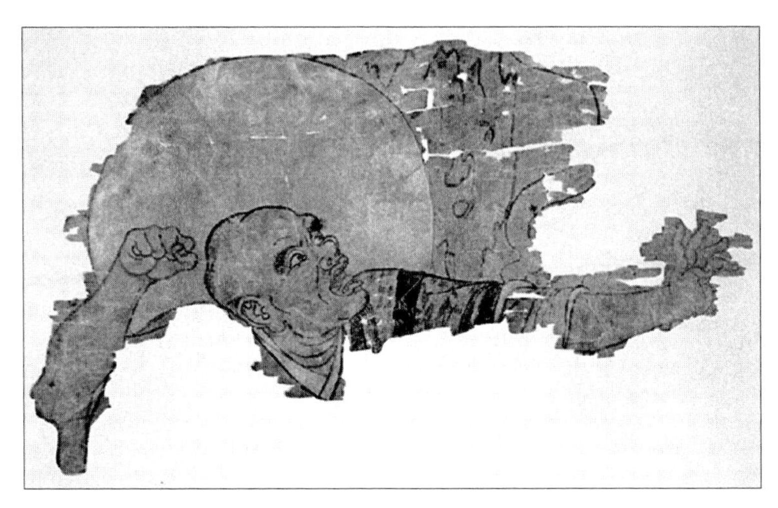

（圖 6-1-25）阿史那懷道十娃夫婦墓石槨內壁宦官線刻局部

顯然，此時的畫家已熟練掌握了用線表現人體體積結構的方法。這種以線代體的表現方式，不但使得人物造型更加準確，還會使人物本身產生前所未有的空間深度，從一個面聯想意會到其它面，體現出雕塑一般的體念。可見，此時人物造型的結構表現特徵更加明顯、準確。宋人董逌在《廣川畫跋》中即對此時流行的「吳家樣」風格進行描述：

吳生之畫如塑然，隆頰豐鼻，趺目？臉，非謂引墨濃厚，面目自具，其勢有不得不然者。正使塑者如畫……吳生畫人物如塑，旁

見周視，蓋四面可意會。〔註 50〕

「吳家樣」的主要形式特點之一，即是張彥遠所總結的「吳帶當風」。對於此語，大多數學者只是在「當風」所引起的「衣帶飄舉」上做文章，卻忽略了張彥遠的另外一層意圖。「衣帶飄舉」並不是吳畫的專利，在魏晉繪畫中亦有許多「飄舉」作品，如，傳顧愷之的《列女仁智圖》及《女史箴圖》中人物飄舉的裙帶。那麼，爲什麼張彥遠只將吳畫譽爲「當風」？

就「當風」二字來看，其中有兩個主體，一爲飄起的衣帶，二爲穩定的人體形態，只有在這兩種相互衝突的情境下，才會產生「當風」的視覺效果。具體的說，就是在畫面形式組織上，以表現人體準確、肯定的結構線群與鬆散、飄忽的服帶裝飾線群形成反差，才能體現出「當風」的效果。反觀魏晉時期的人物畫，畫面的線形反差相對弱化，人物的結構線群與裝飾線群難以區分，幾乎混爲一談，人體與衣帶類似於一種平板剪切下來的同一體面，從而也就減弱了「當風」的效果。

現藏於西安碑林博物院碑林門前的《石臺孝經》碑，由於爲玄宗勅立，其線刻部分的樣本畫家必是其時最負盛名的皇家畫師所作，根據其製作年代及風格推斷，很可能是當時身爲「待詔」的「吳家樣」畫家所繪。該碑碑座東向北側的線刻人物，腿部結構線形準確，體量感充實，肯定表現肌肉的實線與飄動衣紋的虛線形成反差對比（圖 6-1-26），充分體現了「吳帶當風」式的飄舉感。

（圖 6-1-26）《石臺孝經》，唐天寶四年（745 年），東向北側碑座線刻局部

在具有明顯「吳家樣」線形形式特徵的薛儆墓石槨線刻中，雖然人物都是靜止狀態，不見衣帶飄舉，但畫家將人物的結構線表現的硬實明確，與披巾和裙帶的柔軟線形形成反差，結構線群與裙帶線群的線形形式分化

〔註 50〕參見：1、（宋）董逌《廣川書跋·廣川畫跋》，文物出版社，1992 年 2 月。2、俞建華，《中國古代畫論類編》，人民美術出版社，1957 年。

明晰。可見，此時以線表現人物體積結構的塑形技法已相當成熟。

薛儆墓石槨內壁南向東間（圖 6-1-27-A）、內壁西向中間（圖 6-1-27-B）、內壁西向南間（圖 6-1-27-C）壁板的線刻侍女均爲半側身，人物結構線群的重點是由背線、腰線、臀線所組成的侍女後部結構曲線。這條線群組合，在整體曲線中即有對微凸結構處的明確交待，又體現出吳裝線形的疏朗流暢特性。背部的半弧線、腰部的較直線形、臀線的微凸感及裙下擺較鬆的懸垂直線組合，在保持線條順暢及線形組合上的鬆緊節奏韻律的同時，又體現出人體的骨架撐衣感。另外，畫家在裙裝下擺增加的兩條結構短線與背後長線所組成的並列線群，共同將小腿的腿肚突出結構表現出來。

（圖 6-1-27）結構線群

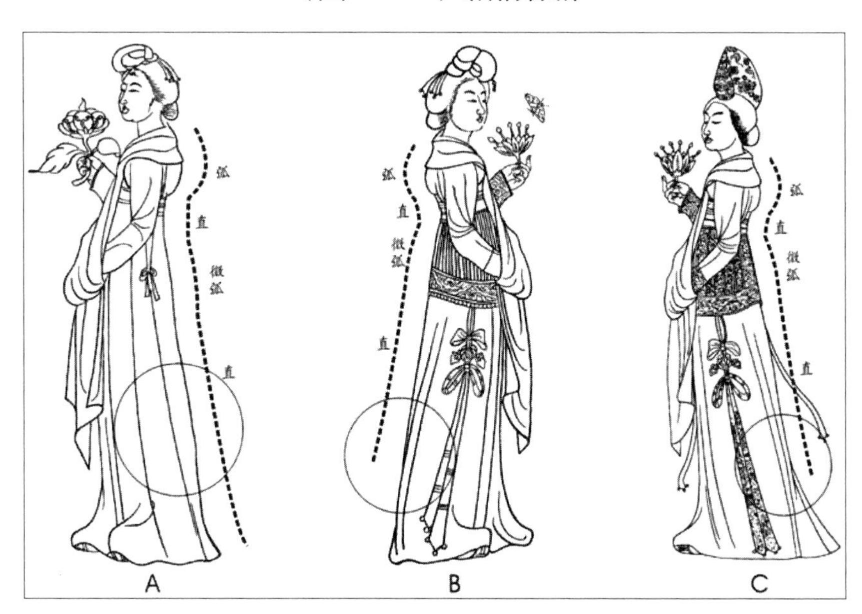

A、薛儆墓石槨內壁南向東間線刻；B、薛儆墓石槨內壁西向中間線刻；C、薛儆墓石槨內壁西向南間線刻。
注：圖中圓形虛線處爲小腿肚結構線。

薛儆墓石槨內壁東向南間、外壁西向北間壁板的線刻侍女，鎖骨處橫畫了一條短線（圖 6-1-28-A、圖 6-1-28-B-a），生動地表現出筒形脖頸插於胸腔的體積結合感。這條短線與之前正面人物頸上皺褶線的表面化處理，有著本質的差別，一個是體積結構的體現，一個則是視覺表象的模擬。在這兩幅線刻中，搭在手臂上的披巾上線與手臂的結構線相互結合，顯示出上臂與小臂的關節轉折中心點。特別是內壁東向南間壁板侍女披巾的中間褶皺線，既表現出披巾的轉折，又以線條上部的彎轉曲線巧妙地表現出小臂與上臂的前後穿插關係（圖 6-1-28-A-b）。

（圖 6-1-28）結構線群

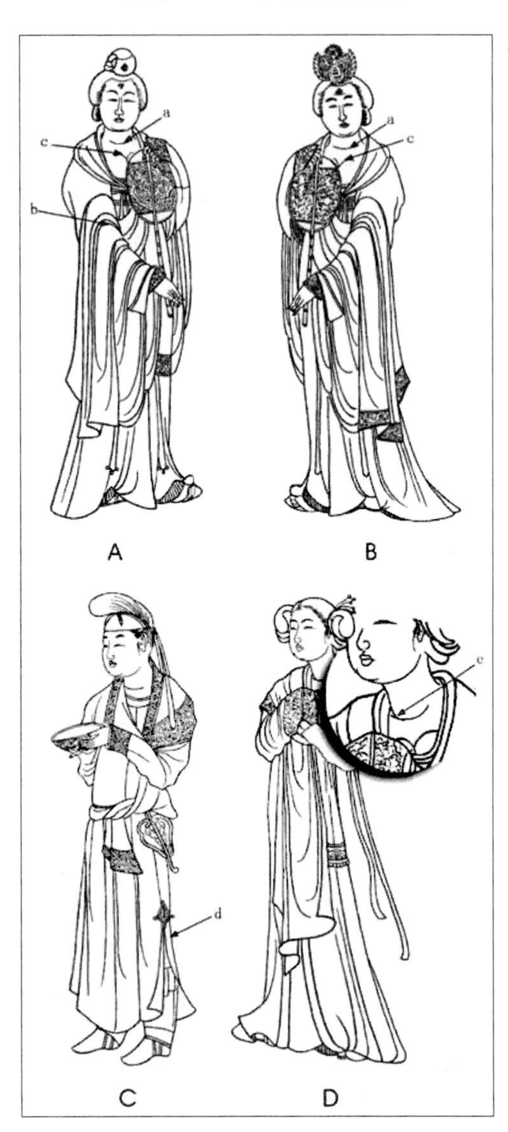

A、薛儆墓石槨內壁東向南間線刻；B、薛儆墓石槨外壁西向北間線刻；C、薛儆墓石槨外壁西向南間線刻；D、薛儆墓石槨外壁南向東間線刻。

而這兩個侍女胸部的突出感，顯然是由兩條短弧線對交而成的雙乳結構線（圖 6-1-28-A、圖 6-1-28-B-c）。這個「丫」狀分叉線組合，以視覺經驗而言，顯然不是光源照射下的陰影所能造成的效果，很明顯，畫家是以所感物體的體積經驗主觀組合而成。如果將這兩條弧線按陰影關係分置，則會削弱整體線形的主觀組合秩序。

薛儆墓石槨外壁西向南間壁板側身男裝侍女的腿部線群，明顯帶有畫家試圖透過衣裝顯現腿部結構的意圖，從視覺效果來看，這條曲線幾乎與去衣的人體腿部輪廓線形相差無幾（圖 6-1-28-C-d）。

薛儆墓石槨外壁南向東間壁板侍女頸部的倒「T」形短線組合（圖 6-1-28-D-e），是一組易被忽略但卻至關重要的結構線群，它的出現幾乎可以說是當時藝術家對人體體積結構成熟理解的代表性體現。現已發現的盛唐之前人物圖像中，半側面人物的頸部表現形式均是以一條橫豎折線畫成，這種折線雖然能體現出脖頸與胸腔的上下關係，但卻無法表現出頸部與胸腔的前後透視效果。而薛儆墓石槨外壁南向東間壁板侍女頸部的倒

「T」形短線組合，則是利用下面表現胸腔邊緣的弧線，疊壓於表現頸部邊緣的豎線之上，既表現了頸項與胸腔的插入感，又體現出兩者之間的前後空間關係，綜合顯示了脖頸與胸腔的體積組合關係。這個看似簡單的微小變化，是盛唐畫家在積纍了傳統概念線形與色暈式體積表現各自優勢後，所總結出的結構表現方式。這個現象在盛唐之前的人物畫中幾乎從未出現，顯見該線刻的作者對人體結構的把握已相當深入細微，此亦是宋代理學畫風的先兆。

第二節　裝飾性線群

一、裝飾性線群的從屬性

唐代人物畫中的結構性線群是表現人物形態的主體，而裝飾線群則是輔助於結構線群對「眞實」體積的表現。它的作用主要是豐富畫面秩序，並隨著結構性線群的變化而轉化。

唐代伊始，隨著畫家對結構性線群表現的逐步明確，迫使畫面中的裝飾線群也必須符合這種追求「眞實」的線群組織要求。但在此時，這種極力追求「現實」的表現還沒有形成一種新的規程，李壽墓石槨線刻中的裝飾線群依然延續著「概念化」主觀意象的線形組織形式。

傳統「概念化」人物畫基本是由表現人物形態的外框線和內部填充的裝飾線群所組成，兩者之間並無必然的關聯性質，隸屬關係非常明確。例如，滕州桑村鎮西戶口村出土的東漢畫像石《東公出行圖》，在表現人物外形的框線內部，平行秩序化裝飾線群被強硬的填入其中，這種裝飾線群只是起著豐富和充實畫面的作用，與人物造形並無關聯（圖 6-2-1）。藏於臨潼博物館的北魏四面造像碑碑側的三幅供養人線刻顯示了裝飾線群的填入過程（圖 6-2-2），首先以概括性線群勾勒出人物姿態，之後在線框內逐漸增加裝飾線群的密度，使整體線群豐富起來。顯而易見，其中的裝飾線群在畫面中只起到整合畫面秩序的作用。

（圖 6-2-1）《東公出行圖》局部

東漢晚期

（圖 6-2-2）裝飾線群逐步填充。四面造像碑局部，北魏

外輪廓結構線群　　填入裝飾線群

（圖 6-2-3）《白衣佛》，北魏

於此同時，犍陀羅藝術形式的進入，帶來了一種新的秩序性線群組織形式，犍陀羅「出水式」衣紋的表現主要以三種形式體現，一是人體四肢之間連接懸空處的秩序性裝飾性線群，二是附著於人體表面表現貼體輕薄衣紋的秩序性裝飾線群這兩種線群均爲半弧式平行等距排列組合，三是人體之外懸垂式的等距豎列線群組合。繪製於北魏時期的敦煌莫高窟第 254 窟西壁壁畫中部《白衣佛》（圖 6-2-3）的袈裟線群，即是直接繼承了這種等距半弧的線形排列形式。

兩種不同線形組織規律的碰撞，促使中國本土藝術家更加關注塑形線群與裝飾線群之間的和諧組織關係。成於貞觀五年（631 年）李壽墓石槨坐姿樂伎的右腿中部由內向外的線群組合，明顯是魏晉發散式等距線形的排列樣式。分置於各人物腿部之中的二或四條弧線的發散方向與排列形式相同，而膝蓋頂出的結構線與裙裝拉伸的方向則明顯不符（圖 6-2-4）。與北魏洛陽石棺床中盤膝墓主夫人像〔註 51〕的腿部裝飾線群有著顯見的同性效果，屬典型「概念化」裝飾線群。

〔註 51〕中國畫像石全集編委會，《中國畫像石全集》卷八，山東美術出版社、河南美術出版社，2000 年 6 月，35 頁。

從文化學角度及繪畫樣式的流行規律來看，民間造型形式雖具有一定的原始性觀念因素，但基本上是貴族典型造型形式的模仿和翻版，隨主流形式的變化而變化，但會晚於皇家或貴族中所使用繪畫造型形式。山西省博物館所藏，開元年間天尊造像碑座線刻的供養人像，〔註 52〕腿部內的短線條明顯與結構和衣紋無關，顯然是爲了填補腿部外形線內的較大空白（圖 6-2-5），與北魏四面造像碑碑側的三幅線刻供養人腿部的裝飾線群（圖 6-2-2）明顯具有同性的表現。成於天寶五年（747 年）的山西永樂鎭歷山村黎明觀石燈檯的立柱周面環刻 29 個線刻道徒供養人，均爲跪坐姿態（圖 6-2-6），這些人物腿部線形組織與李壽墓石槨坐姿樂伎的腿部組織形式如出一轍，線條平行排列，順序及方向均相同，甚至於黎明觀石燈檯 29 個人物腿部的裝飾線條數量，都與李壽石槨坐姿樂伎相同。可見這種「概念化」裝飾線群對唐代繪畫影響之巨。

（圖 6-2-4）李壽墓石槨坐姿伎樂線刻

（圖 6-2-5）天尊造像碑座供養人像

〔註 52〕《天尊造像座》現藏於太原山西省博物館。玄宗時期，道教盛行，觀主趙思禮於開元七年（719 年）「上爲開元神武皇帝、皇后，下爲七祖三師、見存家眷及一切群生建造常陽天尊像一鋪」。造像爲一頭頂蓮冠，手拿蒲扇之元始天尊坐像，底座呈正方形，正面刻有虞鄉縣趙隱士撰，道士侯煥書一「天尊銘並序」。像座兩側，繪刻供餐道士監齊趙名蓋，弟子張思元、張詢、陳懷琛、知玄等圖像。皆作站班朝拜狀。道士之間，畫瑞雲相隔，以表靈氣，反映了唐朝黃冠的衣裝形貌之眞相。

（圖 6-2-6）山西永樂鎮歷山村黎明觀石燈檯供養人線刻

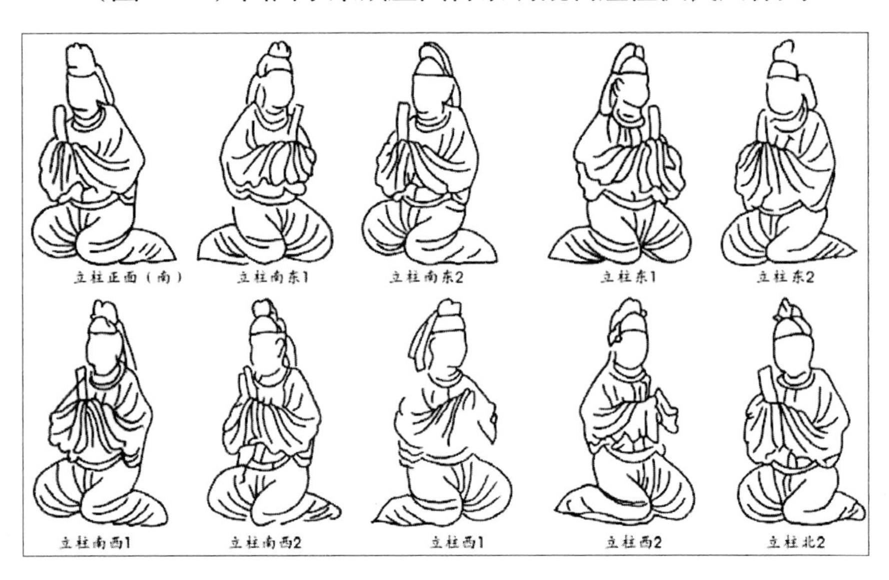

李壽墓石槨舞伎圖部分，同樣具有魏晉裝飾線群的組織特點。四位舞女裙底及腿後裙擺的裝飾性線群（圖 6-2-7）和永泰公主墓石槨內壁東面中間（圖 E-2）、內壁南面東間（圖 E-10）線刻侍女履上的線群組合，依然採用中心發散式裝飾線群。同例還見於西安南郊興教寺附近出土的青石石槽《搗練圖》〔註 53〕線刻士女群裝下擺線群。而這種概念性線群組合在魏晉時期極爲常見，如，出土於江蘇丹陽建山金王村的南朝（420～589 年）《持劍武士》模印磚，武士翹頭鞋後部的長服下擺既是中心發散式線群組合

（圖 6-2-7）李壽墓石槨舞伎圖線刻

〔註 53〕根據圖中人物的體徵、髮式及繪畫風格來看，該石刻的製作下線應爲武周之前。劉合心，《陝西長安興教寺發現石刻線畫「搗練圖」》，《文物》，2006 年第 4 期，69 頁。

（圖 6-2-8）等。

武周（690～705 年）伊始，由於結構性線群漸漸加強，裝飾性線群也隨之變化，從獨立表現性較強的「概念化」線群組織逐步向結構線群的從屬性表現方向發展，裝飾線形的組織方向已明顯指向於人體結構之上。

（圖 6-2-8）《持劍武士》模印磚局部

在懿德太子墓石槨外壁南向東間侍女鞋上的裙擺線群中，線條的長短差距加大並與裙上豎長垂線相銜接，打破了概念性中心發散式線群的規律性分佈程序，已有了主動附著於人體結構的趨勢（圖 6-2-9）。

（圖 6-2-9）
懿德太子石槨外壁南向東間局部

韋泂墓（708 年）石槨持笏宦官，胸腹中間表示衣服接縫的豎向線形（圖 6-2-10-A）和韋詢墓（708 年）石槨東向南間壁板線刻侍女下腹中間的接縫線（圖 6-2-10-B），除了裝飾作用外，畫家還利用這條線的弧度變化表現出宦官上腹部和侍女下腹向外突出的體積感。李晦墓（689 年）石槨北向西 2 立柱侍女腹部的豎弧線（圖 6-2-10-C）同樣表現出人體結構的縱向厚度。而之前的李壽墓立姿侍女胸前的豎直裙線（圖 6-2-10-D）、禮泉楊溫墓（640 年）墓室東壁侍女的裙裝前擺（圖 6-1-4）上表現裙褶的垂直豎線，都不具有表現人體起伏質感的功能。

就以上例證可見，傳統的概念化裝飾線群在武周之後逐步向結構性線群靠攏，裝飾線群逐漸負載了更多的結構體量的表現功能。

（圖 6-2-10）

A、韋洞墓石槨《新貴持笏圖》局部；B、韋詢墓石槨東向南間壁板線刻局部；C、李晦墓石槨北向西 2 立柱線刻局部；D、李壽墓石槨內南嚮壁板局。

二、裝飾性線群表意性的轉變

開元之後，畫家更加熱衷於用線來表現人物的結構體積。這一時期人物畫中結構性線群的表現達到了前所未有的高度，裝飾線群也隨之參與到結構表現當中，因此，也就弱化了秦漢以來的概念性裝飾線群的主觀表現性。以往主要作爲裝飾畫面的裝飾線群，在此時具有了相同於結構線群的表意作用。例如，薛儆墓石槨內壁東向南間、內壁北向西間壁板線刻侍女，臂部搭掛披巾上部的弧線，是隨著手臂的結構而組織、分佈，同樣起到了表現手臂體積、結構的作用（圖 6-2-11）。

（圖 6-2-11）薛儆墓石槨內壁東向南間、內壁北向西間線刻局部

綜合而論，雖然薛儆墓石槨線刻人物的服飾與之前並無太大區別，但參與人物表現的線群都是以表現結構體積爲目標，幾乎所有線群的方向都指向人體結構、體積的關鍵之處，使得薛儆墓石槨人物線刻較之前明顯地「準確、眞實」了，因此，概念化的裝飾線群實際上已在這種突出結構的表現當中弱化於無形。

（圖 6-2-12）薛儆墓石槨內壁西向中間和內壁西向南間壁板線刻局部

然而，在極力表現結構的同時，中國傳統繪畫中線形的意象組織關係也隨之受到了一定局限。爲了平衡這一表現缺失，畫家不得不在畫面中附加一些與結構無關的單純裝飾性線群，用以彌補這種突出表現結構的單調線群組織關係。在薛儆墓石槨線刻的人物造型中出現了準確的結構線群與純裝飾紋樣線群交織的線群組合，利用這種對比組合來增加畫面的裝飾效果。如，薛儆墓石槨內壁西向中間和內壁西向南間壁板線刻中，團扇、袖口的短線裝飾紋樣與表現人物結構的長線組合（圖 6-2-12）。這種裝飾紋樣只具有裝飾塡充作用，與初唐裝飾性線群有著本質的不同，其性質類似於魏晉之前，人物內部的塡充線群（圖 6-2-1）。

將唐代石槨人物線刻的裝飾線群表現進行縱向排列，其演變軌跡清晰可見。初唐的裝飾性線群依然延續傳統的「概念化」線群秩序，武周伊始，逐步向結構性線群靠攏，以至於中國傳統人物畫中所具有的對比性秩序化裝飾線群，由於依附於結構表現而逐漸喪失了它所獨具的主觀規範秩序。而開元之後，隨著人物畫結構表現的成熟，裝飾線群的表意性發生改變，等距並列式的傳統裝飾線群幾乎蕩然無存。由秩序性線群與結構性線群所共同構建的對比性傳統畫面秩序，也隨著結構線群的突出表現而被徹底打破。

以線條在畫面中的「狀物」表現功能來看，結構性線群的強化是一種表現技法的提升，但若從中國傳統人物畫所特有的畫麵線群秩序角度而言，這種將主觀表現性線群被統一成客觀結構性線群的現象，幾乎就是泯滅藝術家主觀創造的一種倒退表現。

第三節　重構線群

一、主觀秩序的回歸

以薛儆墓石槨人物線刻爲代表的形式風格，強調結構性線群的表現。雖然這種線群組織更符合現實人體質感，但卻與「以神領形」的傳統秩序觀念愈行愈遠，極大限制了畫家的主觀表現性。具體的說就是，中國早期的平面人物造型形式「無視衣飾下的身體」〔註54〕注重畫麵線形秩序的體現。開元時期，畫家注重強調衣服下的人體結構表現，但卻忽視了主觀的創造性。這種現象恰恰類似於西方傳統寫實性形式表現觀念，而其中的「粗陋性」亦顯而易見：

> 這種從功能價值向空間價值所必須的藝術的根本性轉變並沒有發生，藝術家把姿態的眞實性僅僅考慮爲表現……實際上只不過表明缺少對現實的藝術重構。〔註55〕

天寶初期，正是唐代人物畫突出結構表現的鼎盛時期，就在此時，唐代石槨人物線刻卻出現了傳統「概念化」秩序線群回歸的現象。然而這些作品當中的傳統線群秩序與初唐時期則不可同日而語，此時的藝術家對傳統形式組合的認識已與漢晉時期不同，他們是在充分吸取了人物體積結構表現方法之後，用傳統的主觀秩序性線群與結構性線群相結合，意圖來詮釋一種新的中國式線群表達方式。比如，李憲墓、王賢妃墓及武令璋墓石槨人物線刻，即保持了開元初期所形成的準確比例關係，又將傳統概念性線形組織關係融入其中。兩種線群相互穿插組織在一起，既不極端強調結構表現，又將裝飾性線群控制在符合人體結構的一定範圍之內，使畫麵線群形成統一的形式秩序，極大增加了畫面的裝飾性效果。

爲什麼在此時畫家會對剛剛發展起來的結構性線群組織形式產生動搖呢？

可以想見，如果類似薛儆墓石槨人物線刻的結構性線群繼續向前推進，必然會向西式繪畫的體積表現的方向發展。但是，繪畫語彙是依賴於社會語境而存在的〔註56〕，中國固有的文化、哲學觀念必然會阻礙這種轉型。此外，

〔註54〕（美）方聞，李維琨譯，《心印——中國書畫風格與結構分析研究》，陝西人民美術出版社，2006年1月，13頁。

〔註55〕（德）阿道夫·希爾德勃蘭特，潘耀昌譯，《造型藝術中的形式問題》，中國人民大學出版社，2004年6月，72頁。

〔註56〕張強，《中國人物畫學》，河南美術出版社，2005年2月，143頁。

中國傳統的視覺選擇性原則也限制了人物畫向體積表現繪畫轉移的可能性。因爲，中國式「遊觀」的觀察方法並不注重畫面範圍內的固定視點，沒有再現性視覺因素所遵循的統一空間、體積、透視等構成要求。並且傳統「遊觀」的構圖形式具有強大的內容包容性，不同場景、不同時間的事物都可放入同一畫面之內，人物的大小、前後、及性格均是哲學觀念的反映。所以，畫家必須沿用這種中國式以線造型的形式感來統一整體畫面形式，否則，畫家就不得不放棄這種中國式的觀察方式以及支持它的傳統文化、哲學的背景觀念，顯然，這種放棄是不可能的，也不可能被社會所接受。

如何能將現實形象的結構關係與傳統主觀秩序性表現形式相統一，就成爲此時擺在畫家面前必須解決的現實問題。因此，畫家必然會對突出表現結構的弊端進行反思，並對傳統的主觀概念性表現手法重新得以認識。並促使本土畫家在意象線形與體積再現這兩者看似衝突的表現形式上，進行融合性探索。

在武惠妃墓及武令璋墓石槨人物線刻中，可以看出，畫家重新對初唐之前的概念化線群產生了興趣，強調線形的平行排列秩序，注重畫麵線形秩序的裝飾性。其中，武惠妃墓 T-3 線刻侍女領部下段（圖 6-3-1）和武令璋墓石

（圖 6-3-1）武惠妃墓
石槨 T-3 線刻

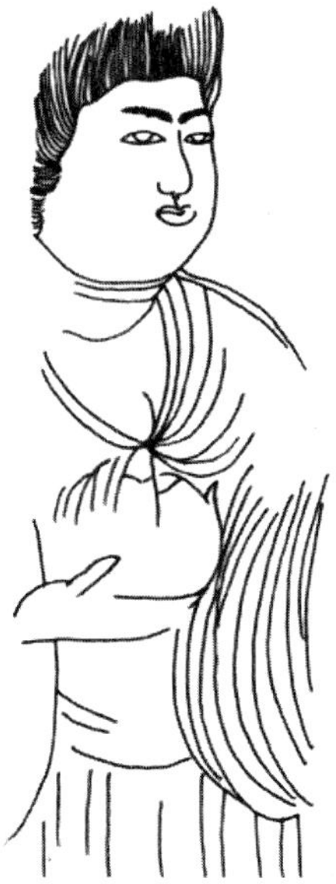

（圖 6-3-2）武令璋墓
石槨 R-12 線刻

（圖 6-3-3）李憲墓墓室
東壁北部壁畫侍女

槨 R-12 立柱線刻侍女雙手合握處（圖 6-3-2），應用了中心發散式裝飾線群。同期的李憲墓墓室東壁北部壁畫侍女，則將「概念化」平行秩序線群表現的更加充分（圖 6-3-3）。

成於天寶五年（746 年）的王賢妃墓石槨人物線刻，人物的結構性線形愈加削弱，這種減弱並不是畫家不能準確的表現，而是削弱了結構線與主觀裝飾線群的界限，兩種線群有意的進行了交叉組合，使得畫面中線群的主觀意識更加充分的體現出來。例如，石槨 Q-8 壁板線刻侍女（圖 6-3-4-A）的右肩部及 Q-9 壁板侍女（圖 6-3-4-B）腰部的線群組合，並未被人體結構所束縛。Q-2 壁板侍女衣袖豎向結構線群（圖 6-3-4-C）、Q-9 壁板侍女裙裝腰部豎線線群，與主觀加入的橫向裝飾衣紋線群穿插交錯，形成網狀分佈的主觀秩序，既豐富了線群的表現力，同時又使豎向的結構線不會顯得單調、孤立。

（圖 6-3-4）王賢妃墓石槨綜合線群組合

A、王賢妃墓石槨 Q-8 壁板線刻；B、王賢妃墓石槨 Q-9 壁板線刻；C、王賢妃墓石槨 Q-2 壁板線刻局部。

二、折線的骨架功能

在李憲墓石槨內壁北向東間壁板的線刻侍女中（圖 6-3-5），畫家借用了書法中主觀疏密分佈的概念，將線群進行主觀分列，披肩及裙裝兩側線形密集，其它部分線條疏曠。這種組合併不是單純的主觀臆造，其中還包含著中國傳統的體積塑造觀念，即，近者亮，遠著暗，利用密線表現暗部，以疏線來體現亮處。同樣在該墓甬道東壁壁畫南起的第 7 個侍女（圖 6-3-6）身上，亦顯示出同樣處理效果。

（圖 6-3-5）
李憲墓石槨內壁北向東間線刻

（圖 6-3-6）李憲墓甬道
東壁壁畫南起第 7 個侍女

書法對於唐代人物繪畫更為重要的影響，體現在線條的轉折關係上。中國書法由秦漢篆、隸書體發展至唐代的楷書之後，書法中線條的轉折明顯硬朗化（圖 6-3-7），畫家將這種方折的線形，施用在人物畫的線形當中，以增加線形的變化和豐富線群的表現力。天寶期間，人物畫中出現的硬折線，實際上是改變了由「循環往復」曲線所形成的傳統人物線形表現程序。

曲線是在兩種力同時作用下形成（圖

（圖 6-3-7）《玄秘塔碑》
拓本，（唐）柳公權

6-3-8-A），在人視覺上產生流動、順暢的感受。而折線是在兩種交替的作用力下產生，不同方向的作用力經過碰撞，就會引起視覺上「更大的共鳴」〔註 57〕（圖 6-3-8-B）。天寶時期人物畫中常出現的 90 度直角折線，在視覺幻象中則更加具有高度活躍的敏銳性〔註 58〕。

（圖 6-3-8）曲線與折線作用力示意圖

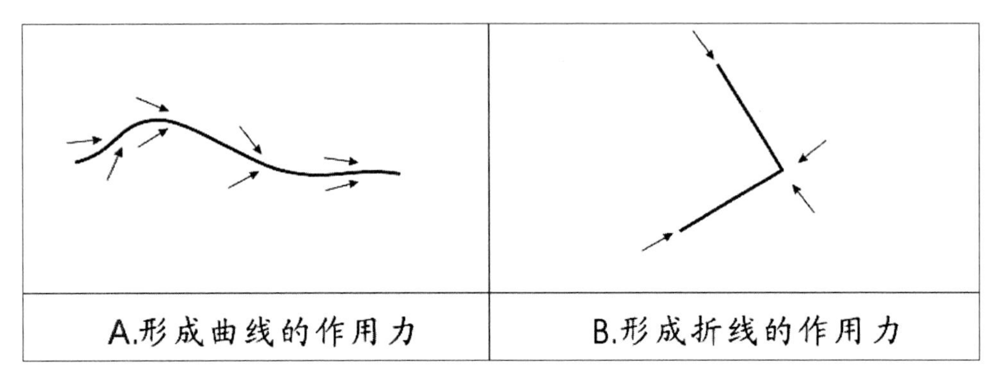

成於 727 年的阿史那懷道十娃夫婦墓石槨內壁捧花侍女線刻（圖 6-3-9）和李邕墓墓室東壁北部《黃衣童子》壁畫（圖 6-3-10），畫家利用硬折的線形表現人物肩肘部衣紋撐起的力度感，不但豐富了畫面中的線形秩序，還給其中的人物增加了一種支撐力度，使得人體表現更加充實。雖然，就畫面整體線群而言，這種硬折線稍顯突兀，但它卻是打破傳統線形表現的一個飛躍，從中可看出，當時的畫家已不滿足於傳統曲線在人物造型上缺乏力度的表現。其後的李憲墓甬道西壁南起第 9 位男裝侍女（圖 6-3-11）和唐安公主墓（784 年）甬道東壁的男侍（圖 6-3-12），對這種「突兀」折線增加了轉折的弧度，使之融入整體線形的統一形式當中。法門寺地宮出土的包裹侈口密色瓷碗 FD4：008 薄紙和包裹奎口圈足密色瓷碗 FD4：009 薄紙所繪的士女圖像（圖 6-3-13），這種折線被使用的相當熟練，特別是中唐畫家周昉的士女畫，將其運用的更加豐富與精到。

〔註 57〕（俄）康定斯基，羅世平、魏大海、辛麗譯，《康定斯基論點線面》，中國人民大學出版社，2008 年 8 月，44 頁。

〔註 58〕（俄）康定斯基，羅世平、魏大海、辛麗譯，《康定斯基論點線面》，中國人民大學出版社，2008 年 8 月，46 頁。

（圖 6-3-9）阿史那懷道
十姓夫婦墓石槨內壁板線刻

（圖 6-3-10）《黃衣童子》
局部，李邕墓墓室東壁北部

（圖 6-3-11）
李憲墓甬道西壁南起
第 9 位男裝侍女

（圖 6-3-12）
男侍，唐安
公主墓甬道東壁

（圖 6-3-13）法門寺地宮
出土包裹奎口圈足密色瓷碗
FD4009 薄紙所繪的仕女摹本

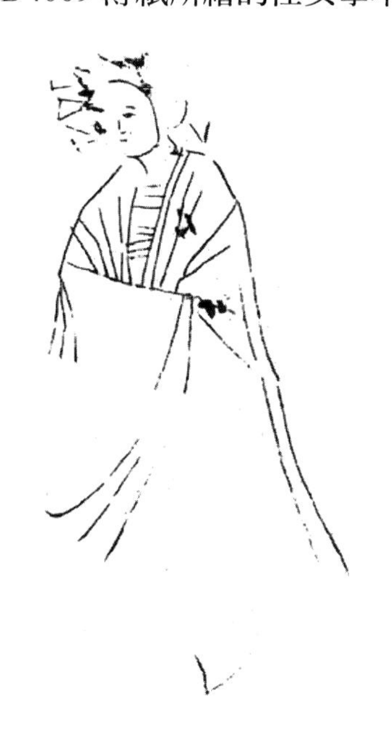

三、中國式形、體觀念

王賢妃墓石槨人物線刻中有一個非常值得關注的現象。Q-8 壁板線刻侍女的左臂（圖 6-3-4-A）和 Q-2 壁板線刻侍女的右臂（圖 6-3-4-C）中間，各畫有一條衣紋線，這條線即代表衣服的皺褶，同時也體現出上臂結構的體面交界關係。這種現象並不是碰巧出現的，還可以在開元二十年（732 年）慈和石棺仕女線刻中看到同樣的現象。慈和石棺士女線刻圖中部三個士女右上臂中間（圖 6-3-14）的線條，並不是表現衣褶的豎線，而是有意在上臂衣紋線中加畫了一條能夠體現出結構轉折的體面交界線。這種表現技法的來源，明顯是由傳統工筆繪畫的高染法中提煉而成，也是傳統畫家將印度佛畫表現人物結構的暈染法，進行改革後的一種新線形表達方式。此時的本土畫家對人體體積的表現，已不是對西方表現形式的再現與模仿，已經明確的有了屬於自己的人體體積表達方式，即陰影與陰陽的統一：

傳眞大要，端不外乎於陰陽〔註 59〕。

（圖 6-3-14）慈和石棺壁板線刻局部，現藏於長安博物館

〔註 59〕 俞劍華，《中國畫論類編》，人民美術出版社，1986 年，12 月，567 頁。原文爲丁皐《傳眞秘訣》：誠又問曰：「傳眞大要，端不外乎於陰陽乎？」曰：「然」。

在中國傳統繪畫觀念中，物象的體面、明暗都歸乎於「陰陽」。這種觀念對於人物畫而言，從表面意義來說似乎並沒有什麼特別的徵兆，但若就塑形的內在原理而言，卻包含著諸多環環相扣的連帶環節。從哲學意義而論，陰與陽的典型核心既是光明與黑暗，包含著宇宙萬物的「道」之所在和循環規律，同時也體現出中國傳統社會的秩序原則，陰與陽在傳統繪畫中則具體體現在「虛」與「實」的轉換之上。

就中國人物畫的發展角度而言，開元時期的人物畫在結構表現上已達到了前所未有的高峰，但與正統西式體積表現還是有著明顯的區別，這主要是由於中國本土畫家所接受的暈染表現畫法，雖然源自古希臘、羅馬的造型觀念，但經過印度藝術家的改造，已經不是完全意義上的光影體積表現方法。古希臘、羅馬的人體骨骼肌肉表現非常明確，印度的佛造像則有肉無肌，而中國的造像則更加趨向「塑者如繪」的線形表達方式。這也就是爲什麼中國傳統畫家多能雕塑的原因。

西式雕塑方法由一開始就是從三維空間來考量形象的體量關係，而中國傳統造像在製作之初就與西式雕塑完全不同。他們在接手一件塑像任務時，並不是先從立體空間的角度出

（圖 6-3-15）
唐代《金剛力士》絹畫

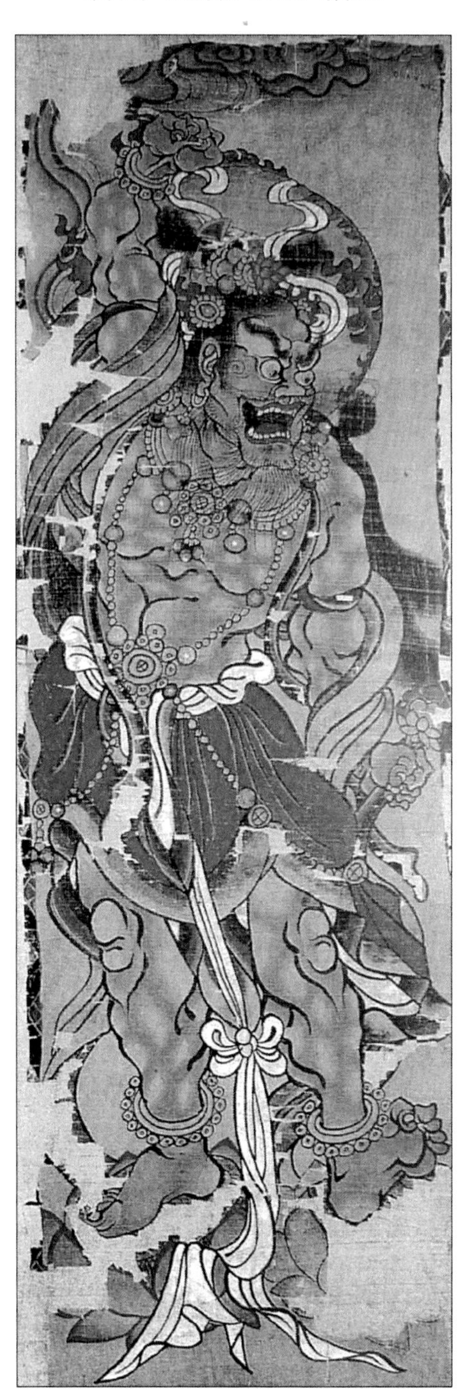

發，而是先繪製塑像正面的平麵線稿，把立體形象首先轉化爲平面的線形秩序，然後再以線稿爲依據，由塑像的正面逐步向整體擴散塑形。也就是說，中國傳統塑像即是將線形繪畫轉換爲立體的過程。

現藏於英國不列顛博物館的唐代《金剛力士》絹畫（圖6-3-15），基本採用典型的暈染技法來表現力士的身體體積結構，而敦煌莫高窟 158 窟《涅槃變》壁畫中表現人體體積的暈染範圍已經縮小（圖 6-3-16）。可以看出，線條和暈色正在糅合的跡象，畫家已經有意識的將西域畫法中表現人體結構的暈染方式向線形表達的方向邁進。而在敦煌莫高窟 112 窟《力士》的身體上（圖 6-3-17），這種將面轉化爲線的過程狀態體現的更加明顯，暈色幾乎被結構線群所代替。具體的說，就是將表現人物體積的暈染，逐步縮窄成線，這樣所形成的線就自然成爲人體的結構線。雖然畫中人體結構的表現還不成熟，但畫家想以線表達體積的意圖則非常明確。

在經歷了從魏晉至唐初對印度暈染體積表現的長期實踐

（圖 6-3-16）
敦煌莫高窟 158 窟《涅槃變》

（圖 6-3-17）
敦煌莫高窟 112 窟《力士》

之後，本土畫家即不願拋棄傳統又不願放棄業已有所感悟的西方觀念，所以也就自然而然的會將兩種表現方式進行綜合處理。雖然我們不能完全瞭解當時畫家的具體融合方式，但是我們可以通過類似王賢妃墓石槨人物線刻中的體面交界線現象來進行一下推理。

唐代畫家顯然已經對光線照射在物體上的影響有了深刻的理解。單一光線照射在物體上，所形成的陰影與亮部必然是一種漸變的過渡現象，而當暗部與亮部形成對比時，從視覺直觀來看必然是「陰陽參半」〔註 60〕，將亮部與暗部進行強化處理後則會出現一條夾角線（圖 6-3-18），這條線既能表現出物體結構的體面關係，同時還能統一於整體線群之中，從而使人物的神採自然體現出來。關於這種以「象」取神的方式，清代丁皐亦有相同的體會：

> 提神之要，以己之神取人之神也。夫作畫時，類偏屋之右首而坐定，是左陽多而右陰勝也。若如其色以取神，則如陰陽界中人矣，是必減右陰而如左陽，神乃得耳。〔註 61〕

（圖 6-3-18）體面交界線形成示意圖

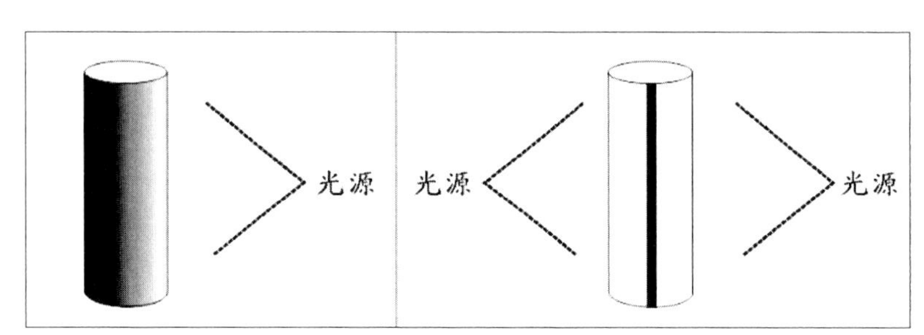

正是基於這種感受，畫家將兩種不同表現意義的線形統一於一幅畫面當中，於是也就出現了王賢妃墓石槨人物線刻中的體面交界線現象。

本土畫家在基本瞭解了西方體積表現觀念的同時，自然就會將其與傳統繪畫觀念進行比較。西畫是通過陰影推導及光影的層次感來顯示人物體積、遠近，其主要著手處集中在對於「暗部」的描繪。而中國傳統造型觀念則更注重人物結構的象徵性與畫面之內的秩序性；西畫注重人體結構的具體結合來表現人物外貌，而中國人物畫則將人本身看作一個整體，以富於象徵性的

〔註 60〕張強，《中國人物畫學》，河南美術出版社，2005 年 2 月，68 頁。

〔註 61〕（清）丁皐，《傳神秘訣》，俞劍華，《中國古代畫論類編》，人民美術出版社，1986 年，12 月，566 頁。

表現形態來傳達人物內在的精神狀態。西畫認爲亮部與暗部是相互對立的兩部分，而中國傳統繪畫理論則認爲明與暗是相互而生，陰中有陽，陽中有陰，在技法中體現在用筆的實中有虛，虛中有實，相溶相輔：

虛乃陽之表，實即陰之裏也。〔註62〕

中國傳統繪畫理念與西方表現觀念有著本質的區別。就畫面的表現能力而言，本土藝術則明顯遜於西畫，然而，「理性」繪畫看似明媚逼眞，但細細品味之後，它只是以皴染來表現光線照射下的明暗、體積關係，只能給觀者帶來視覺表象的「眞實」。而中國傳統人物繪畫則將情感專注於用線的連貫氣韻，並以此來顯現具有生命之氣的內在精神狀態。

通過以上分析，可見，中國平面人物造型形式發展至天寶時期，畫家更加明確的將外來體積結構表現形式與傳統觀念進行了重構式融合，創造了一種綜合表現的線群秩序，使畫面中的人物造型兼具了結構與意象的綜合表現形式，形成了不同於漢晉時期的新主觀秩序性線群程序。也就是說，在視覺效果上，由原始構成元素的線來配合形體結構，用以反映主觀空間結構的平麵線群構成形式，從而創造了中國傳統人物繪畫以神寫形的新紀元。在這種新的形式表現當中，即有中國傳統語境所獨有的主觀秩序性繪畫語彙，同時也體現出對異質文化的智慧取捨，爲之後形成更具中國特色的寫意繪畫打下伏筆。

〔註62〕（清）丁皐《傳眞秘訣》，俞劍華，《中國畫論類編》，人民美術出版社，1986年，12月，547頁。

第七章　線型程序

繪畫創作就是藝術家落跡留痕的過程，通過畫家落筆於媒介上的痕跡得以傳達形象和意境。在中國古代繪畫中最爲重要的痕跡非「線」莫屬，在幾千年的用線史上，線型的發展在不同的歷史時期有著明晰的發展軌跡，創造出了不同的時代線型風格。

關於線型的研究，早在南朝時期，謝赫既提出了著名的「骨法用筆」，並且他還將線型筆法作爲獨立的關照體系：

陸綏：一點一拂，動筆皆奇。

姚曇度：畫有逸方，巧變鋒出。

毛惠遠：縱橫逸筆，力遒韻雅，超邁絕倫，其揮霍必也極妙。

江僧寶：用筆骨梗。

張則：意思橫逸，動筆新奇。

劉頊：用意綿密，畫體纖細，而筆跡困弱。

劉紹祖：筆跡歷落。

宋炳：跡非準的，意足師放。

丁光：雖擅名蟬雀，而筆跡輕羸，非不精謹，乏於生氣。〔註1〕

張彥遠在《歷代名畫記》中亦言：

顧愷之：調格逸易，風趨電疾。

陸探微：精利潤媚，新奇妙絕。

張僧繇：點、曳、斫、拂，別具一巧，鈎戟利劍森森然。

〔註1〕謝赫，《古畫品錄》。

吳道子：彎弧挺刃，數尺飛動，力健有餘，離披點畫，時見缺落。

尉遲乙僧：用筆緊勁，如屈鐵盤絲。

然而，歷代畫論中關於筆法的論述，大多將其放置在一個相應的品格之中，〔註 2〕對用筆的速度、勢度及多向的變化進行描述。這些筆法描述似乎使我們體會到了各代的線型特徵，但如更深一步瞭解，就會發現這些描寫大都存在於寫意式的文學語境之下，不但不能具體地看清這些線型的面貌，甚至還會給我們帶來更大的困惑。隨著 20 世紀以來，考古學不斷提供出一幅幅斷代明確的歷史依據，從而使我們能夠逐漸地看清不同歷史時期人物畫的基本線型特徵。

唐代石槨人物線刻的線型基本爲平行勻速的鐵線描線型，只有薛儆墓石槨人物線刻是寬窄有所變化的線型。就石線刻工藝而言，同樣寬度的線型較易施工，而寬窄有變化的線形則不宜掌握。與薛儆墓石槨人物線刻的線型突變相對應的是，盛唐時期人物畫的線型也發生了變化，出現了寬窄有所變化的「吳家樣」線型。可見，薛儆墓中粗細變化的線型所顯現的也是當時繪畫的主流線型。因此，要想明晰爲何此時出現了薛儆墓石槨人物線刻的線型，就必須將其放置在傳統人物畫的流變框架內，對形成其線型變化的前因後果作以分析。

第一節　「鐵線描」

一、「鐵線描」的程序化

唐代是中國古代繪畫全面發展的鼎盛時期，張彥遠在《歷代名畫記》中明確指出，畫家必須通過「用筆」的一定手段來達到「氣韻生動」。〔註 3〕從而更加提高了「骨法用筆」在中國人物畫當中的地位。不僅如此，張彥遠還提出「骨氣、形似，皆本於立意而歸乎用筆」〔註 4〕的主張。至此，「骨法用筆」已經成爲中國繪畫的根本所在。

初唐廣爲流行的鐵線描筆法，是這一時期的代表性程序化技法。在這一時期可考的人物畫中，幾乎均採用了這種平行用筆的鐵線描線型，唐代石線

〔註 2〕張強，《中國人物畫學》，河南美術出版社 2005 年 2 月，89 頁。

〔註 3〕《歷代名畫記》，卷一，論畫六法。

〔註 4〕《歷代名畫記》，卷一，論畫六法。

刻亦然。

初唐李壽墓石槨人物線刻的線型，比南北朝時期的線刻線型相對較粗一些，也較方正平直一些，富有剛性和彈性（圖 7-1-1）。其後的鄭仁泰墓石槨（圖 7-1-2）和契苾明墓石槨人物線刻的線型，除了用筆的粗細與李壽墓相同之外，線型則顯得圓潤了許多。武周之後的線型依然持續凝重飽滿的鐵線描線型，特別是在永泰公主墓石槨（圖 7-1-3）和韋泂墓（708 年）（圖 H）石槨人物線刻，更加注重線條在畫面中的表現作用，極富裝飾效果。

就線條而言，它最初只是作爲一種零件存在於繪畫之中，本身尚談不上獨立的價値。早期人物畫線條的作用主要以「存形」爲目的，畫家的關注點並未放在線型之上，線條被動地受形象所制約，只是借輪廓線來框定形體。線型只起到一個把握形體，劃分色界的作用，線條本身並無實際意義。

（圖 7-1-1）李壽墓石槨坐姿伎樂圖局部

（圖 7-1-2）
鄭仁泰墓石槨
持笏男侍線刻

（圖 7-1-3）
永泰公主墓內壁
北向東間線刻

魏晉南北朝時期是中國繪畫線型的重要轉折時期，畫家得以從「存形」的侄梏中解脫出來，開始關注線型在繪畫中的表現作用，對線型的從新認識也是這一時期畫家的重要追求。值得說明的是，此時對線型的理解還處於初始階段，從無規則用線方式的大氛圍下，能夠畫出標準、圓潤、持續平滑的線條就是一種進步。

從現已發現魏晉南北朝斷代明確的遺存中，可清晰的看出這種將無規則用筆向統一粗細線型演進的軌跡。1997 年在甘肅省酒泉市城西果園鄉丁家閘村出土的十六國墓壁畫中勾畫人物的線型（圖 7-1-4），依然延續早期恣意縱橫的用線慣性。東晉之後，這種隨意性較強的用線方式逐步被以中鋒用筆所繪出的，較標準的勻速平行線型所取代。固原博物館所藏的北魏漆棺彩繪《孝子圖》〔註 5〕、山西省博物館暨大同市博物館分藏的屏風漆畫《列女古賢圖》及北周天和四年李賢墓墓室前壁東側的《武士圖》（圖 7-1-5）中的線型均表現爲粗細相同的勻速線型。

由於書法用筆的介入，唐代繪畫中的「線」發生了質的變化，並

（圖 7-1-4）《羽人》

丁家閘十六國墓壁畫

（圖 7-1-5）《武士圖》

北周天和四年，李賢墓墓室前壁東側壁畫

〔註 5〕洪再新，《中國美術史圖像手冊——繪畫卷》，中國美術學院出版社，2005 年 1 月，51 頁。

爲其灌注了更多的精神內容。此時的線條對刻畫人物內心活動與表情動態的一致性起到了相當重要的作用。〔註 6〕至此，中國繪畫中的「線」已經不是西方幾何學中所謂的「線」了，而是在特定的用筆方式，即「描」法所造就的基本造型元素，其自身的規範化成爲中國繪畫中最早定型的線型藝術處理手段。

這種線型的質變，還有一個外在因素對其施加影響。由佛畫所帶來的重視人物體積結構的觀念，對當時的畫家產生了巨大影響，畫家爲了使形體更加準確，必然會將行筆的速度放慢，這樣就改變了以往因行筆速度快，所形成的線型不規則變化，使線型逐步趨於規範。而當粗細相同的規範線型被普遍接受時，也就形成了平行勻速的鐵線描定式。

在成於 663 年的新城長公主墓第五過洞西壁北開間（圖 7-1-6）及甬道東壁北開間〔註 7〕的侍女壁畫中，鐵線描的筆法運用的相當熟練，線型規範、疏

（圖 7-1-6）新城長公主墓
第五過洞西壁北開間壁畫局部

（圖 7-1-7）
章懷太子墓禮賓圖

〔註 6〕彭修銀，《中國繪畫藝術論》，山西教育出版社，2001 年 12 月，17 頁。

〔註 7〕陝西省考古研究所，《壁上丹青——陝西出土壁畫集》，下，科學出版社，2008 年，230 頁。

朗，行筆順暢，轉折處中鋒用筆的筆鋒調轉自如；成於 689 年的李晦墓西側室北壁東端的捧包袱侍女〔註 8〕和景雲二年（711 年）章懷太子墓墓道東壁的《禮賓圖》壁畫（圖 7-1-7），其線型的用筆均勻、凝重極具質感。

初唐畫家所提煉的鐵線描線型，即是把用筆可能出現的棱角削去，把刻畫人物形體時所使用的點、線改造成一種標準的恒定形狀。改變了民間畫工熟練且放蕩不羈的用筆習慣，形成一種有所規定的，筆勢內斂、藏頭護尾，行筆沉著的新技巧。隋唐之前的線條一般都鋒芒畢露、向外盡瀉而內蘊全無。而在這種新的線型技巧中，對用筆的速度及力量則加以限定，也就是說，對外放力量加以控制，使力量蘊含於中鋒筆當中。儘管限制多了，不能像以前那樣縱橫用筆，但畫出來的線條精氣內斂，飽含著充滿力量且流動不滯的內在生機。至此，繪畫用筆才附上了「我」的因素，並成爲其後中國繪畫的筆墨根源。

需要說明的是，這種平行勻速的鐵線描線型，也極大的促進了石線刻的發展。以推刻施工的石線刻，由於材質和工具的限制不容易產生線型的寬窄變化，而鐵線描則正好適應了石線刻的工藝要求。

二、「鐵線描」的精緻化

盛唐時期的人物畫日趨精緻細膩，隨著畫面表現力的增強，其線型也隨隨之趨於精緻化表現。

開元後期的阿史那懷道十娃墓（727 年）石槨人物線刻（圖 7-1-8），其線型依然延續平行用筆的同寬規範。與初唐線刻不同的是，李壽墓石槨的線型粗壯、凝重，而阿墓石槨的線條則顯得清秀，細勁而流暢。相似於畫史所記「史館畫直」張萱用筆輕快的平滑精緻線型。兩墓之間的開元六年（718 年）韋頊墓石槨人物線刻線型（圖 7-1-9），則顯見是鐵線描由凝重向精緻線型的轉折期形態。

天寶元年（742 年）李憲墓石槨人物線刻（圖 7-1-10），用筆凝練緊勁，順暢自如，似更多繼承了魏晉用筆的法度，並雜以唐人寫實精細的筆法。天寶五年（746 年）王賢妃墓石槨人物線刻的平行線型則更加顯得靈動、飄逸，自由揮灑。從用筆風格來看，與傳周昉所作《揮扇仕女圖》和《調琴啜

〔註 8〕陝西省考古研究所，《壁上丹青——陝西出土壁畫集》，下，科學出版社，2008 年，249 頁。

（圖 7-1-8）
阿史那懷道十娃墓石槨持笏宦官線刻局部

（圖 7-1-9）
韋頊墓石槨持鏡少婦線刻

（圖 7-1-10）
李憲墓石槨內壁北向西間壁板拓片

茗圖》（圖 7-1-11）的用筆相似，線條簡潔，細勁平直，畫面中的直角折筆方式也與同時代的李憲墓甬道西壁南起第 9 位男裝侍女、唐安公主墓甬道東壁男侍形象的較爲硬朗的用線形式類似。體現出盛唐至唐末人物畫在平行線型上的精緻表現。

（圖 7-1-11）
（傳）周昉，《調琴啜茗圖》局部

第二節　行筆方式的轉變

一、「蓴菜條」的線型特徵

由於石線刻是以繪畫作爲模擬對象，粗細相同的鐵線描線型非常適宜石線刻的推刻技法表現，因此，幾乎所有唐代墓室石線刻均是粗細相同的勻速平行線型。只有成於 721 年的薛儆墓石槨人物線刻的線型發生了粗細不同的變化，並且這種變化與盛唐人物畫中「蓴菜條」式線型的盛行相同步。

畫史中關於線型的轉變當首推吳道子的「蓴菜條」線型，最早由米芾在《畫史》中提出：

> 王防，字元規，家二天王，皆是吳之入神畫。行筆磊落揮霍，如蓴菜條，圓潤折算，方圓凸凹。〔註 9〕

「蓴菜條」是與「行筆差細」的鐵線描線型對比而言，類似「蓴菜」形狀。蓴菜，又名水葵，睡蓮科（圖 7-2-1-A）。現代漢語解釋爲：「多年生水草，葉子橢圓形。」然而這種橢圓形的小葉只有一釐米寬窄，即便是卷縮起的蓴菜也顯得粗短，無法與人物畫中的線條相對應，而其莖則通長無粗細變化類於鐵線描線條。〔註 10〕那麼，米芾爲什麼會將吳道子的筆法與「蓴菜」相類比呢？或許是由於古人與現代人在詞義上的不同理解而產生了歧義，使得後人望文生義而造成了對「蓴菜條」的曲解。

《古代漢語字典》中，蓴，又通蒪，並且其音也相同〔註 11〕。許愼在《說文解字義證》中說：「蒪，蒲叢也。」清代王念孫疏：「蒲草叢生於水則謂之蒪」。「蒪」即是蒲草。《古代漢語字典》又解：蒲爲草名，香蒲，一種水生草本植物，莖可織席（圖 7-2-1-B），《辭海》中描述其形狀爲：「葉片狹長，長線形。」這種蒲草，在中國北方多見，亦稱蒲葦〔註 12〕，俗稱水柳，多連片生長，葉高一米左右，葉中部寬約一釐米左右，越往上端越窄，頂端呈尖狀，粗端向細端舒緩變化。

〔註 9〕（宋）米芾，《畫史》，於安瀾編，《畫品叢書》，上海人民美術出版社，1982 年，190 頁。

〔註 10〕趙明榮先生認爲吳道子的筆法應是「蓴菜莖」形的描法。此說顯然有誤。趙明榮，《「畫聖」是這樣煉成的》，《美術報》，2003 年 12 月 27 日，24 版。

〔註 11〕嚴廷德、鄭紅編，《古代漢語字典》，四川出版集團、四川辭書出版社，2006 年 9 月，81 頁。

〔註 12〕（漢）無名氏，《爲焦仲卿妻作》（孔雀東南飛）：蒲葦紉如絲，磐石無轉移。

（圖 7-2-1）蓴菜、蒲草、線型對比圖

A　　B　　C

A、蓴菜；B、蒲草；C、李邕墓（727 年）第三過洞東壁南部壁畫侍女長裙局部。

將「蓴菜條」線型與這兩種植物相比照，很明顯與蒲草的形狀（圖 7-2-1-C）相類似。另外，明代周履清在其《天行道貌》中亦說吳道子的描法是「柳葉描」〔註 13〕，而柳葉的形狀亦與蒲草相似。顯然，米芾所指的「蓴菜條」即是蒲草。〔註 14〕

關於「蓴菜條」的形態，米芾曰：

> 圜潤折算，方圓凸凹。

湯垕解爲：

> 方圓平正，高下曲直，折算停分，莫不如意。

清甘運源又曰：

> （吳道子）筆法圓勁似篆籀。〔註 15〕

據以上描述，蓴菜條的線型應是中鋒用筆，粗細有變化卻不懸殊，環繞圓潤，遒勁有利，具有很強的彈性。這種線型與薛儆墓石槨人物線刻的線型非常吻合（圖 7-2-2）。

另有一種說法，「蓴菜條」的粗細變化是以書法中捺筆的側峰筆法繪出，其依據是段成式在平康坊菩提寺觀吳道子壁畫時的一句描述：

> 食堂前東壁上吳道玄畫《智度論》色偈變，偈是吳自題，筆跡遒

〔註 13〕（明）周履清，《天行道貌》，俞劍華，《中國畫論類編》，人民美術出版社，1986 年，496 頁。

〔註 14〕另有學者認爲，「蓴菜條」是說線條的滑潤線質，其證據爲辭書中所說的蓴菜葉面下接觸水的部分都有一層凝結的膠質。

〔註 15〕（清）李濬之，《清畫家詩史》，丁上，中國書店，1990 年 7 月，175 頁。

勁如磔鬼神毛髮。〔註 16〕

這段話中的最後一句大多學者斷爲「筆跡遒勁如磔，鬼神毛髮。」「磔」在辭書的解釋之一是：漢字向右斜下的筆畫，即「捺」。《夢溪筆談補》藝文曰：「作字亦然，雖形氣不同，掠須是掠，磔須是磔，千變萬化。」〔註 17〕如按此斷，「蓴菜條」既是側鋒筆法。

然而，如此斷句，後面的「鬼神毛髮」四個字就顯得非常突兀。「磔」字在辭書中還有另一解釋，就是肢解酷刑或淩遲處死的意思，《舊五代史》莊宗紀載：「李嗣源遣使部送潞州叛將楊立等到闕，並磔於市。」〔註 18〕如果「磔」在此句中是酷刑的意思，那麼，這句話就應這樣斷：「筆跡遒勁，如磔鬼神毛髮。」如此，不但語句較爲通順，而且其意思也就明確了。這樣看來，段成式這段話中，並沒有說吳道子的用筆有側鋒的跡象，並且，在已確定的盛唐平面人物作品中的線型也極少有側鋒的表現。

（圖 7-2-2）

薛儆墓石槨外壁北向東間線刻局部

據畫史所載，「蓴菜條」是吳道子中年時才出現，但從已發現的歷史實物來看，在吳道子青年時期就已有了這種線型的應用。例如，萬泉縣主薛氏墓（710 年）甬道西壁抱包裹侍女（圖 7-2-3）、咸陽市底張灣萬泉縣主薛氏墓（710 年）甬道西壁端饅頭男侍（圖 7-2-4）和樂舞圖〔註 19〕壁畫中所施用的

〔註 16〕（唐）段成式，《酉陽雜俎》，平康坊菩提寺。

〔註 17〕嚴廷德、鄭紅編，《古代漢語字典》，四川出版集團、四川辭書出版社，2006 年 9 月，733 頁。

〔註 18〕嚴廷德、鄭紅編，《古代漢語字典》，四川出版集團、四川辭書出版社，2006 年 9 月，732～733 頁。

〔註 19〕中國美術全集編輯委員會，《中國美術全集》，繪畫編 13，墓室壁畫，文物出

（圖 7-2-3）萬泉縣主
薛氏墓甬道西壁局部

（圖 7-2-4）萬泉縣主
薛氏墓甬道西壁端饅頭男侍圖

線型，既是這種中鋒用筆、粗細不同的線型。只是發展至吳道子「中年」之後，「蓴菜條」式線型才盛行開來。

「蓴菜條」式線型雖然入筆與出筆較細，中間較粗，但並不是說這種線型有意採用了具有垂直運筆變化的提按筆法，主要是由於行筆速度加快，使得快速運腕中毛筆產生的自然效果，其依然屬於平行用筆。此外，從米芾所說的「行筆磊落揮霍」和《太平廣記》中「及下筆之時，望者如堵，風落電轉。」〔註 20〕的描述中可知，吳道子在作畫時速度非常快，這也證明「蓴菜條」式線型並沒有提按用筆的跡象。而如果在運筆當中存在提按的動作，則

版社，圖版 122。
〔註 20〕《太平廣記》，卷第二百一十二，畫三，吳道玄。

必然會影響行筆的速度，也就不可能有「揮霍」和「風落電轉」的情景產生。在成於 727 年的李邕墓壁畫（圖 7-2-5）的線型表現中可以看出，因行筆速度加快，線條自然產生了粗細變化。

（圖 7-2-5）
李邕墓第三過洞東壁南部壁畫

「蓴菜條」式線型，並不是吳道子憑空創造的，在魏晉之前的恣意性線條中亦可尋到根源。例如，出土於甘肅高臺縣駱駝城墓群的畫像磚（圖 7-2-6），其線型也是中間粗兩端細。可以想見，盛唐時期的畫家在規範鐵線描的長期禁錮之下，理應嚮往這種早期人物繪畫中的恣意放達的線型表達方式，所以，在此時出現了「蓴菜條」式的「揮霍」線型也就不足爲怪了。

魏晉之前的隨意性線型看似與「蓴菜條」非常相似，其實，兩者存在著本質性的區別。將兩種線型放在一起對比，魏晉之前的線型由於只是作爲框形作用，並無規則可言。並且早期畫家的身份基本上都是底層畫匠，文化水平較低，絕少會書、畫同攻，以至於線型飄忽、虛浮，給人以漂浮於畫面之上的感覺。而「蓴菜條」式線型，是在以「骨法用筆」爲內涵的鐵線描基礎之上演化而來，線型自然會有入木三分的力度。另外，從薛儆墓石槨人物線刻的線型應用來看，「蓴菜

（圖 7-2-6）
甘肅高臺魏晉人物畫像磚，魏晉

條」線型的轉折使用中鋒調筆的方式，保持轉折處線條的圓滑順暢（圖7-2-7）。而魏晉之前粗細不同的恣意線型在彎弧處並沒調整筆峰，只是順勢而下，所以在行筆當中自然就會帶出一些側峰筆形（圖7-2-6）。

（圖7-2-7）薛儆墓石槨內壁西向北間線刻

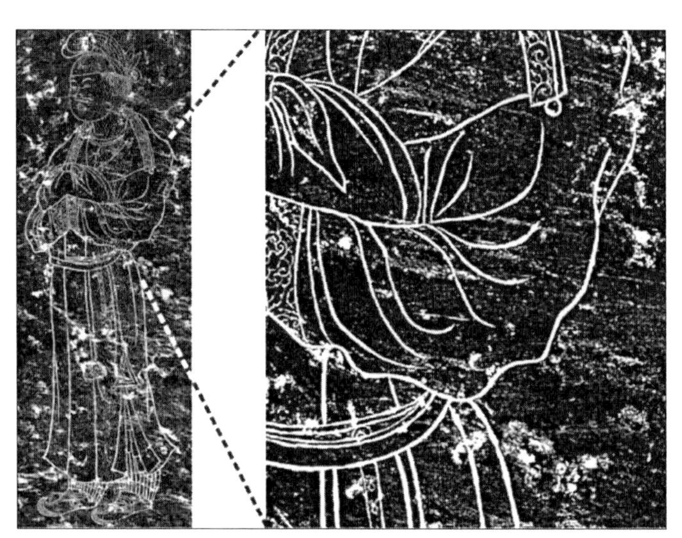

這種中鋒發力、轉折調峰的用筆方式，對後世影響頗深，清代鄭績在《夢幻居畫學簡明》中即言：

> 作大人物衣紋筆要雄，墨要厚，用筆正峰，隨勢起跌，或濃或淡，順筆揮成，毋復改削，庶雄厚中不失文雅。若側筆橫掃，雖似老蒼，實爲粗俗。〔註21〕

唐代的畫家雖還多爲「匠作」，但是他們的社會地位已有所提高，並且還可因畫入仕。此時畫家的文化修養遠非早期畫匠可比〔註22〕，書、畫同攻的現象比比皆是。就如吳道子，20歲左右時即拜書法聖手張旭〔註23〕、賀知章爲師。

〔註21〕（清）鄭績，《夢幻居畫學簡明》，俞劍華編，《中國畫論類編》，人民美術出版社，1986年12月，572頁。

〔註22〕唐蘭，《試論顧愷之的繪畫》，《文物》，1961年第6期。唐蘭先生認爲漢末以前的畫家，都屬於工匠或手工業者，受到階級環境的局限，生活感受狹窄，文化程度較低。

〔註23〕（唐）張彥遠，《歷代名畫記》，卷第二，論顧陸張吳用筆：「國朝吳道玄，古今獨步，前不見顧、陸，後無來者，授筆法於張旭，此又知書畫用筆同矣。」

張旭的書法始化於張芝、二王一路，以草書成就最盛，其書法瀟灑磊落，打破了魏晉以來拘謹書法風格，氣勢奔放，運筆無往不收，不求提按帶來粗細變化，而追求行筆圓轉與速度變化的線條（圖 7-2-8）。張旭的書法特點與吳道子「揮霍」運筆的線條有著許多相通之處。《唐朝名畫錄》記：「（吳道子）天授之性，年未弱冠，窮丹青之妙。」可見，吳道子是在具有高超繪畫基礎的情況下，才隨張旭學書，所以，吳道子的「蓴菜條」在形成期間，必然深受張旭草書的影響。或言，張旭的草書筆法很可能就是吳道子「中年」筆法風格轉變的主要誘因。

（圖 7-2-8）張旭草書

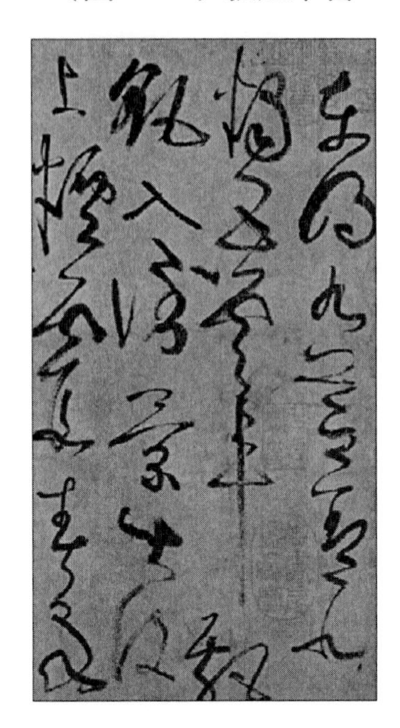

「蓴菜條」線型的產生，與快速行筆有著直接的關係，然而，快速的運筆與整體線型的統一是一對矛盾，筆速越快，發力與鋒變失控的幾率就越大。開元初期，雖然有些線型的形狀已具備「蓴菜條」的形態，但是，線條與線條之間的統一性較差，線條之間的粗細和行筆的控制上還不成熟。例如，咸陽市底張鎮萬泉縣主薛氏墓（710 年）甬道西壁的端饅頭男侍圖，既有圓領處的平行勻速用筆的鐵線描，又有描畫軀幹的粗細不同的線型，並且這些線條由於控筆力度的不均，造成了線條之間的粗細也不盡相同（圖 7-2-4）。而在薛儆墓石槨人物線刻中，線型的運筆形態相同，各線條的粗細比較統一。

如果說初唐是將線型規範在「一律統一」的用筆形式當中，而此時的用筆則變化成「統一而又自由」的行筆狀態。這一放達的行筆是解放用筆的關鍵，預示著中國人物畫的一個新的走向。這種解除了嚴格禁錮的用筆形式，不但造就了後來皴、擦、點、染的逐漸發展與開拓，更造就了傳統人物畫用筆從「描」走向「寫」的可能性契機，同時亦促成了五代〔註 24〕、宋初（圖 7-2-9）提按線型的形成。

〔註 24〕1978 年 4 月蘇州瑞光寺塔第三層塔宮發現的四天王木函彩畫，用筆粗細變化極度放大，只是還未形成行筆規範，運筆較爲隨意，從中可以看出提按用筆的雛形。參見《中國美術全集》，繪畫編 2，隋唐五代繪畫，172 頁。

（圖 7-2-9）宋代提按線型，《朝元仙仗圖》局部，宋，武宗元

二、線型對比

初唐時期石槨線刻人物的線型，保持了較爲成熟的鐵線描程序，並在盛唐時期發揮至精緻表現。在此過程中，由於人物畫中吳家樣「蓴菜條」式線型的盛行，對以繪畫爲藍本的石線刻產生了巨大的影響，以至於在薛儆墓石槨人物線刻當中得以經典的表現出來。

究其根本，中國古代人物繪畫的用線軌跡，從用筆的發展角度來看只有兩大類。即勻速行筆，較少變化一類；以及變速提按，變化豐富一類。兩類用線在壓力、速度等物理因素和工具、操作等技術因素的影響下呈現出不同的藝術效果。鐵線描的平行行筆速度均勻，毛筆施與紙面的垂直壓力相同。「蓴菜條」式的變速線型，平行行筆速度加快，使得線型產生了粗細變化。而五代、宋初伊始的提按線型則是在行筆中加入了垂直提按的運動，利用垂直壓力的不同使得線型產生粗細變化。（圖 7-2-10）

（圖 7-2-10）線型行筆示意圖

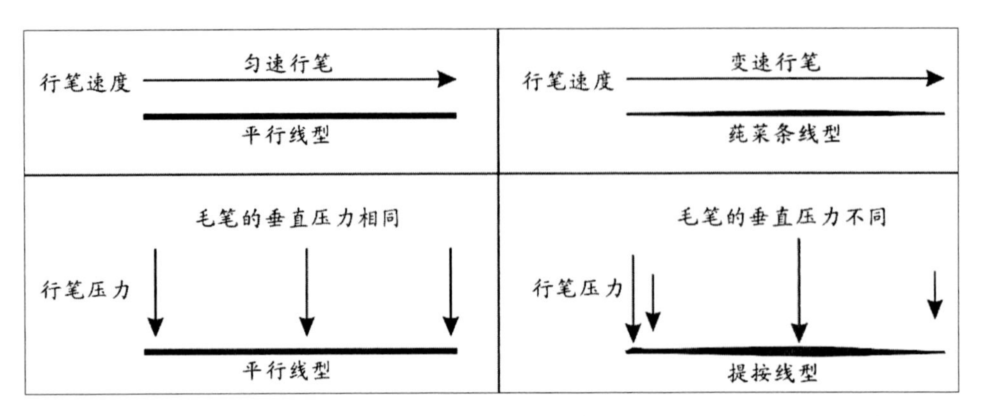

1、平行線型的平行行筆速度相同，毛筆施與紙面的垂直壓力也相同。2、變速線型的平行行筆速度加快，由於運腕速度快而使線型產生前後細中間粗的效果。3、提按線型是在運筆時加入了毛筆的垂直提按運行，使用筆的垂直壓力產生變化。

盛唐流行的略有粗細變化的「蓴菜條」式線型，是在鐵線描的基礎上將勻速行筆變爲變速行筆，使線型的寬窄有所變化。這種變化雖然並非畫家有意在用筆當中加入了提按用筆的表現。但依然使線條相對立體起來，從而也賦予了線型本身更具個性的表現力。「蓴菜條」式線型不但打破了中鋒用筆的平行線型規範，同時還在線型當中加入了更多的書法用筆意識，在整個傳統人物畫線型流變軌跡當中成爲線型轉變的節點，同時也是傳統人物繪畫寫意性用筆的開端，是以，明代何良俊在《四友齋畫論》中即言：

吳（道子）用寫法而描法亡矣。〔註 25〕

〔註 25〕（明）何俊良，《四友齋畫論》，俞劍華編，《中國畫論類編》，人民美術出版社，1986 年 12 月，110 頁。

結　論

唐代石槨人物線刻具有鮮明的時代風格特徵，是唐代文化觀念、社會秩序、審美取向及技法條件所造就的特定產物和形象再現。

1、唐代石槨人物線刻具有明確的繪畫屬性，是「白畫」的一種轉譯形式。因其墓主的貴族地位及創作者的高級別身份，使得這一時期統治階層的審美取向在石槨人物線刻中得以集中體現，同時也反映出初唐至天寶時期人物畫主流形式及流變形態。

2、材質特性也是影響藝術表現的因素之一。唐代石槨人物線刻的用材，顆粒細小、石質細膩，適宜樣本拓印，且力學性能均勻，較宜推刻操作，爲「以刀代筆」模擬繪畫線形提供了材料上的保證。其勒石技法大體經過三個階段的演進，其一爲延續傳統技法的初唐「魏晉遺刀」（630～689 年）階段；其二爲著力模擬「成品」繪畫的「以刀擬繪」（706～721 年）階段；其三爲凸顯勒石自身價值，注重本體特性發揮的「以刀代筆」（724～748 年）階段。

3、唐代石槨人物線刻的類型化、程序化造型是各相關造型元素條理化、規則化的結果，既是與唐代社會等級秩序相對應的普識性平面造型分類形式，也是異族造型藝術與本土造型觀念融合而成的結果，同時也是唐人審美風尚的再現。唐代女性審美觀，由漢魏之道德精神之美，發展爲追求感官之美。初唐的人物形象整體透出一種清秀之美，明顯具有「秀骨清像」的審美特徵；武周至開元初期，侍女體型豐滿適度，滲入了更多的人情味和現實感；開元中期以後，人物形象整體趨於豐滿肥胖；特別是天寶以後，這

種尚肥的趨勢愈加明顯，顯示出唐人的審美觀在此時發生了實質性轉變。（附表一）

4、唐代石槨人物線刻以「遊觀」的方式處理空間關係，以平面分層縱列的方式來獲得視覺深度感。與唐代人物畫相同步，唐代石槨人物線刻的形式風格主要體現在線群的組織關係上。初唐存在著兩種顯然不同的形式風格，其一爲延續漢魏以來無明顯凸凹感的「概念化」形式；其二爲受到佛畫影響，人物造型已有明顯起伏變化，不再僵化呆板。武周之後，結構性表現逐步深化，畫家已經可以利用結構突出部位的飽滿線形描畫出體形的轉折關係。開元時期，結構性表現特徵更加明確，使得人物形象產生了前所未有的「眞實感」。於此同時，傳統的「概念化」裝飾線群則逐步向結構性線群靠攏，負載了更多的結構表現功能，從而，也就弱化了裝飾線群的主觀表現性。天寶時期，畫家的主觀表現欲被從新喚醒，將結構性線群與裝飾性線群重新進行穿插、融合，重構了畫面的表現形式，創造了中國古代人物畫的新紀元。（附表二、附表三）

5、唐代石槨人物線刻的線型與唐代人物畫的線型具有同一性。整體表現爲勻速平行的「鐵線描」形態。其中早期的線型較爲粗壯、凝重，後期則顯得細勁而流暢。在此演進當中，只有與「蓴菜條」相同步的薛儆墓石槨人物線刻，呈現爲粗細有所變化的線型，打破了中鋒用筆的平行線型規範，成爲平行線型向提按線型轉變的節點。（附表二、附表三）

6、唐代石槨人物線刻濃縮再現了初唐至天寶期間主流人物畫的風格形態及流變軌跡。通過本文可以反映出，唐代人物畫在漢魏傳統基礎之上吸收外來造型觀念，並在本土「概念化」塑形方式與外來體積表現的積極融合之下，形成了獨具中國特色的「線性」結構表現方式，從而開創了中國人物畫的新篇章。

7、通過對具有唐代人物畫標本性質的唐代石槨人物線刻的風格分析，可以看出中國古代人物畫發展至唐代發生了質的轉變。唐代人物畫的作用已由單純的倫理、教化功用逐步趨向於獨立的審美主題，繪畫的形式與題材愈加豐富。其形式風格以傳統概念化形式表現與體積表現相結合形成了以線代體的表現觀念。就繪畫發展史而言，唐代人物畫通過對魏晉南北朝技法雜存的統和逐步確立了中國人物畫的藝術標準，在此過程中充斥著諸多的精神追求及藝術體驗。

附表一：唐代石槨人物線刻造型程序的影響因素

影響因素	唐　初	武　周	開　元	天　寶
審美風尚	秀骨清像	面短而豔		豐肥妍美
傳統觀念	觀相術　尊卑觀念等			
佛教	造像儀軌　量度　世俗化			
石刻材料		以減地模擬暈染效果	以刀代筆	

附表二：唐代石槨人物線刻風格演變軌跡

風格元素		唐　初	武　周	開　元	天　寶
形式風格	結構線群	傳統概念化 ⟶ 結構性顯現 ⟶ 結構突出			重構（兩者結合）
	裝飾線群	傳統概念化　⟶　弱化			
線型程序	平行線型	鐵線描（粗）		鐵線描（細）	
	變速線型			「蓴菜條」	

附表三：圖例對比

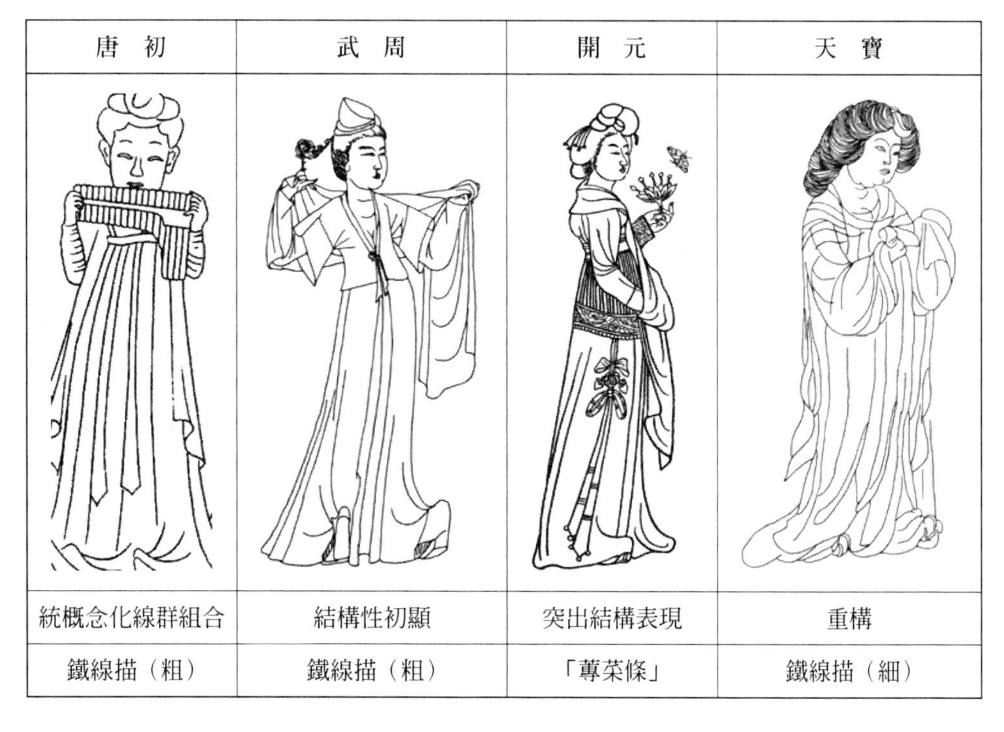

唐　初	武　周	開　元	天　寶
統概念化線群組合	結構性初顯	突出結構表現	重構
鐵線描（粗）	鐵線描（粗）	「蓴菜條」	鐵線描（細）

附　錄

一、李壽墓石槨侍女手持物分析

李壽墓石槨線刻是唐代石槨線刻中所見器物最多、人物最多、文化內涵最爲豐富的一個。特別是對人物手持器物的定性，一直以來爲學術界爭論的焦點。

1、內壁西向南間壁板侍女圖像

李壽墓石槨內壁西向南間，線刻 18 位侍女，分三排、每排六人，除右起第五人抄手外，其餘各人均手持不同器物。服飾與坐、立姿樂伎相同。（圖 A-7）

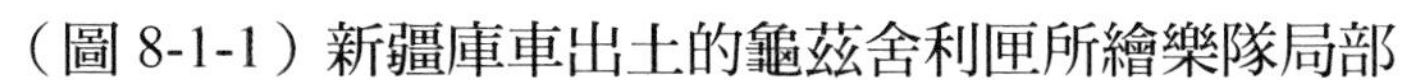

（圖 8-1-1）新疆庫車出土的龜茲舍利匣所繪樂隊局部

第一排右起第一人，持麾，爲樂隊指揮之用，《唐六典》載：

> 若大祭祀、饗燕，奏樂於庭，則陞堂執麾以爲之節制：舉麾，鼓柷，而後樂作；偃麾，戛？，而後止。〔註1〕

在新疆庫車出土的龜茲舍利匣上所繪樂隊最前面的持麾者，（圖 8-1-1）即顯示了唐代大型伎樂通行的指揮方式。雖然此麾與李壽墓石槨上的「麾」在形制上有所不同，但使用性質相同。

（圖 8-1-2）韋氏家族墓地出土《六扇士女屏風》局部

第一排右起第三人，雙手捧筴。筴在唐代多是盛裝衣物器具，其材質爲藤編或木質。1988 年在西安南郊南里王村韋氏家族墓地出土《六扇士女屏風》中就可見貴族婦女郊遊時，身後侍從所捧的盛衣之筴。（圖 8-1-2）

（圖 8-1-3）安陽張盛墓出土的白釉瓷棋盤

第一排右起第四人，手持未上弦彈弓。此彈弓與戰爭中之弓箭不同，弓力較弱，使用時才裝弦，所射爲泥丸，是一種遊藝器具。《管子》輕重丁謂：

> 挾彈懷丸，游水上，彈翡燕小鳥。〔註2〕

該墓前甬道壁畫中繪有未裝弦之彈弓；懿德太子墓第 2 過洞壁畫，在架鷹者之旁亦繪有持弓者。

第一排右起第五、六人，手中所持的是盛棋子的小盂和棋盤。棋盤爲正方形，四邊立面各具壼門，這種形制在唐代已基本定型，棋線分 17 道或 19 道。與其相似的棋盤發現較多，如，1959 年河南安陽張盛墓出土的白釉瓷棋盤（圖 8-1-3）；新疆阿斯塔那 187 號唐墓出土的絹本《仕女奕棋圖》中單邊三

〔註 1〕《唐六典》，卷十四，太常寺、協律郎。

〔註 2〕《管子》，輕重丁，第八十三。

壺門的棋盤；五代周文矩所繪《重屏會棋圖》中單邊兩壺門棋盤等。

（圖 8-1-4）雙陸局棋盤圖

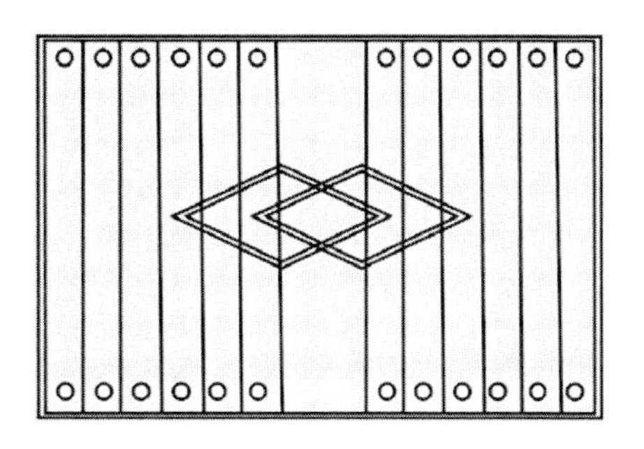

第二排右起第一人，所持物爲雙陸局棋。另名作「雙六」，又稱「打馬」。博局如棋盤，左右各有六行道，棋子作椎形，黑白子各十五枚，兩人相博，擲骰子得彩行子。白子從右到左，黑子反之。雙陸是西方傳入的遊藝，與古羅馬十五子棋相似。〔註 3〕據宋代洪遵《譜雙》記載，雙陸相傳由天竺傳入，盛行於南北朝及隋唐。因局如棋盤，左右各有六路，所以叫做雙陸（圖 8-1-4）。唐周昉有作《內人雙陸圖》，可見其時流行的雙陸局造型。雙陸局在唐代非常講究，棋子亦多以沉香木而製。〔註 4〕

第二排右起第二人，胸前懷抱憑几。其形類似帶扶手矮凳，燕息用具。〔註 5〕

第二排右起第三人，手持類畫軸之物。孫機先生認爲此即「畫軸」:「當石槨主人隱三足憑几、搖羽扇，閒坐寢殿之際，第 9 人正可展開卷軸中的書畫（？），供其欣賞。」〔註 6〕但細觀整幅線刻，所有侍女所持之物均是日常宴樂或休閒所用器具，書畫在其中出現則顯突兀。孫先生在作此推論之時，也加注了問號，可見他對此說法也不能確斷。在古時還有一種貴族常用器具「軟障」與此類似，軟障在唐時非常流行，一種爲出行時顯示身份之用，亦曰：行障、坐障，在唐時屬鹵簿制度。《通典》皇太后皇后鹵簿條載：

> 行障六緐具（分左右，宮人執），次坐障三具（分左右，宮人執）。

皇太子妃鹵簿條載：

> 行障四具（分左右，夾車，宮人執）；次坐障二具（夾車，宮人

〔註 3〕孫機，《唐李壽墓石槨線刻〈侍女圖〉、〈樂舞圖〉散記》，上，《文物》，1996 年第 5 期，37 頁。

〔註 4〕《全唐詩》，卷三百零二，王建。五代王建在《宮詞》中云：各把沉香雙陸子，局中鬥壘阿誰高。

〔註 5〕參見楊泓，《隱几》，《文物叢談》，文物出版社，1991 年。

〔註 6〕孫機，《唐李壽墓石槨線刻〈侍女圖〉、〈樂舞圖〉散記》，上，《文物》，1996 年第 5 期，39 頁。

執）。

內命婦四妃九嬪婕妤美人才人鹵簿條載：

行障三具（九嬪以下二具）；坐障二具（九嬪以下一具，並婦人執）。

外命婦鹵簿條載：

行障三具（二品、三品二具，四品一具）；坐障二具（以下並一具）。〔註 7〕

可見，行、坐障是內宮中必備禮障，也是身份的象徵。唐顯慶五年李震墓墓道西壁的一幅出行圖，即有行障顯示。

此外，另有一種室內使用的軟障，其名甚多，畫障、軟障、障子等，使用功能類似屏風。〔註 8〕唐王勃《郊園即事》詩云：

斷山疑畫障，縣溜瀉鳴琴。〔註 9〕

唐張鷟在《遊仙窟》中描寫十娘臥處云：

屏風十二扇，畫鄣五三張。兩頭安彩幔，四角垂香囊。〔註 10〕

唐時的軟障與畫軸非常相像，中國國家圖書館所藏的明刻本《七十二朝人物演義》插圖中即有標明軟障的圖例（圖 8-1-5），與日本大德寺藏的唐代《樹下觀畫圖》中的立軸，形制完全一樣。

（圖 8-1-5）明刻本《七十二朝人物演義》插圖

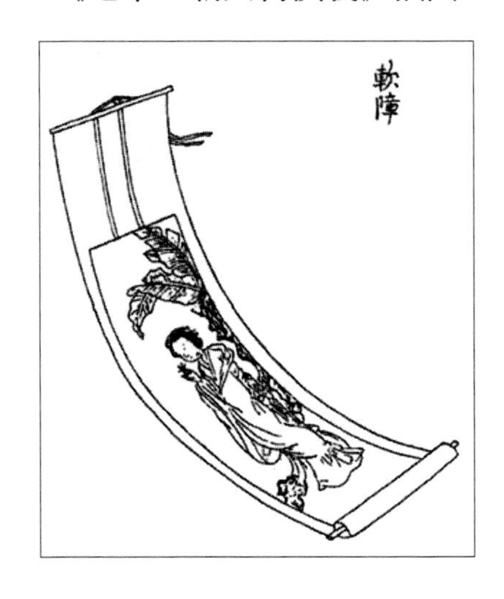

第二排右起第四人，右手持羽扇。以鳥、禽羽為之，《嶺外代答》卷六載：

靜江（今廣西桂林）人善捕飛禽，即以其羽為扇。凡扇必左羽。取羽張之，以線索繫住，俟肉乾筋定乃可用。〔註 11〕

第二排右起第五人，手持唐時引舞的「竹竿子」。敦煌石室所出 S.2440 號卷子

〔註 7〕《通典》，卷一百零七，禮六十七，開元禮纂類二。

〔註 8〕揚之水，《終朝採藍》，生活・讀書・新知三聯書店，2008 年 11 月，37 頁。

〔註 9〕《全唐詩》，卷五十六。

〔註 10〕揚之水，《終朝採藍》，生活・讀書・新知三聯書店，2008 年 11 月，38 頁。

〔註 11〕（宋）周去非，《嶺外代答》，卷六，上海遠東出版社，1996 年 12 月。

背面記錄的「歌舞樂神祇」之吟唱詞中出現的「隊仗」一角色，其地位約與「竹竿子」相當。〔註 12〕雖然「竹竿子」一詞不甚明朗，但在唐代平面圖像中卻多有顯示。如，陝西彬縣二橋村，後周顯德五年（958 年）馮暉墓甬道壁畫中，頭戴翹腳襆頭侍女手持的「竹竿子」（圖 8-1-6）；雷峰塔地宮出土的「光流素月」銅鏡鏡面線刻樂工手中所持的「竹竿子」（圖 8-1-7）等。

第二排右起第六人，手持物爲與「竹竿子」性質相當的「拂子」。〔註 13〕此物還顯示於陝西富平縣房陵大長公主墓前室西壁北側壁畫（圖 8-1-8）及富平縣呂村李鳳墓壁畫中。

第三排右起第一人，雙手托舉燭臺，形狀似蓮花，由圖像看，可能燭臺上還有罩沙。形狀類似於 1959 年河南省安陽市豫北紗廠出土的隋開

（圖 8-1-6）
馮暉墓甬道壁畫局部

（圖 8-1-7）雷峰塔地宮出土的「光流素月」鏡的鏡面線刻

（圖 8-1-8）陝西富平縣房陵大長公主墓前室西壁北側壁畫局部

〔註 12〕孫機，《唐李壽墓石槨線刻〈侍女圖〉、〈樂舞圖〉散記》，上，《文物》，1996 年第 5 期，35 頁。

〔註 13〕孫機，《唐李壽墓石槨線刻〈侍女圖〉、〈樂舞圖〉散記》，上，《文物》，1996 年第 5 期，35～36 頁。

皇十四年（公元 594 年）張盛墓油燈臺（圖 8-1-9）及現藏於浙江省博物館的唐代紙本《阿彌陀經變》右上角的蓮花燈，只是兩燈均無李壽墓石槨燭臺的罩沙現象。或許此物爲唐時流行的蓮花燈，就如蘭州炳靈寺石窟第 169 窟第 6 龕北壁下方壁畫中的蓮花燈（圖 8-1-10），只是形制稍有不同。

（圖 8-1-9）安陽市豫北紗廠張盛墓出土的油燈臺

（圖 8-1-10）炳靈寺石窟第 169 窟第 6 龕北壁下方壁畫局部

第三排右起第二人，右臂腋下夾荃蹄。荃蹄爲上小下大，中部束腰的圓墩形坐具，多爲藤製。「荃蹄」之語源自《莊子》外物篇：

> 筌者所以在魚，得魚而忘筌；蹄者所以在兔，得兔而忘蹄；言者所以在意，得意而忘言。〔註 14〕

荃蹄由東南亞一帶傳入，南北朝時已流行，最初係講經者使用，〔註 15〕至唐代已是常見傢具。現藏於美國波斯頓美術館的唐代三采女俑坐下即爲荃蹄；西安王家墳村出土唐三采女俑（圖 8-1-11）及河南唐墓出土侍女陶俑（圖 8-1-12）坐下亦爲荃蹄。

〔註 14〕《莊子》，雜篇，外物第二十六。

〔註 15〕《南史》，卷八十，侯景傳載：「上（梁武帝）索筌蹄，曰：『我爲公講。』命景離席，使其唱經。景問超世：『何經最小？』超世曰：『唯《觀世音》小。』景即唱：『爾時無盡意菩薩。』」所以在克孜爾、炳靈寺等石窟的佛畫中常有筌蹄出現。

（圖 8-1-11）
西安王家墳村出土三彩俑

（圖 8-1-12）
河南唐墓出土坐荃蹄陶俑

第三排右起第三人，右臂挾隱囊，係橢圓形靠枕。魏晉時士大夫常用，唐時續用，宋以後基本消失。〔註 16〕傳唐孫位《高逸圖》（圖 8-1-13）中兩位高士身下所倚之物即爲隱囊。

第三排右起第四人，懷抱茵褥，係墊坐之用。此物還見於陝西富平縣呂村唐李鳳墓甬道壁畫（圖 8-1-14）。

第三排右起第五人，雙手托一胡床，胡床即爲馬紮，並見於《北齊校書圖》中。

第三排右起第六人，持挾軾，其形似漢代兩足憑几。既可憑靠，又可放置桌上如臂擱，甚或放至床上用於搭足或枕頭。傳閻立本《步輦圖》中太宗膝上之物既是挾軾。

〔註 16〕明代，楊慎《楊升菴文集》卷六十七曰：「晉以後士大夫尚清談，喜晏佚，始作麈尾、隱囊之製。今不可見，而其名後學亦罕知。」

（圖 8-1-13）傳唐，孫位，《高逸圖》局部，上海博物館藏

（圖 8-1-14）陝西富平縣呂村唐李鳳墓甬道壁畫局部

2、內壁南嚮壁板侍女圖像

李壽墓石槨內壁南嚮壁板，線刻 20 位侍女，分三排。第一排七人；第二排六人；第三排七人。除第一排右起第二、七人、第二排右起第一、二人、第三排右起第一、二人抄手外，其餘各人均手持不同器物，服飾與坐、立姿樂伎相同（圖 A-8）。

第一排右起第一人，雙手持高足酒杯，質地或金屬，口沿外翻，因侍女袖部將杯柄隱去所以杯底不明。從陝西富平房陵大長公主墓後室北壁壁畫西側所繪的侍女左手所拿的高足杯（圖 8-1-15）來看，杯柄中還有如算盤珠形的突起，可能於唐慶山寺地宮（741 年）所出的高足杯相同（圖 8-1-16）。

此杯類似於西方高腳杯，齊東方先生認爲魏晉南北朝時期的高足杯可能間接受拜占庭影響。〔註 17〕唐代對拜占廷地區稱爲拂林，此稱謂還涵蓋敘利亞、伊朗乃至東歐等地，據《隋書》裴矩傳載：

> （通往羅馬）北道從伊吾，經蒲類海鐵勒部、突厥可汗庭，度北流河水，至拂菻國，達西海。〔註 18〕

〔註 17〕齊東方，《隋唐考古》，文物出版社，2009 年 4 月，229～230 頁。
〔註 18〕《隋書》，卷六十七，裴矩傳。

（圖 8-1-15）陝西富平房陵
大長公主墓後室北壁西側壁畫局部

（圖 8-1-16）
唐慶山寺地宮所出的高足杯

這條通道必須經過黑海地區，而這一區域當時正是高足杯所流行的地區，這些地區輸入的物品亦泛稱爲拂林物。〔註 19〕敦煌石室 P.2613 號文書所稱「弗臨銀盞」，〔註 20〕或即指外來之高足杯。

有仿高足杯器物出土的墓葬大多集中在隋及唐早期，〔註 21〕由此也證明，這種源於西方的外來高足杯樣式在隋唐時期頗爲流行。

第一排右起第三人，左臂所挽爲胡床。胡床，亦稱「交床」、「交椅」、「繩床」，是一種可以折疊的輕便坐具，類似馬紮功能，坐面爲可卷折的布或類似物，兩腿可合。《清異錄》載：「胡床施轉開以交足，穿便絛以容坐，轉縮須臾，重不數斤。」〔註 22〕

第一排右起第四人，左肩所扛之物不明。

第一排右起第五人，懷抱長瓶，此瓶形狀類似清代梅瓶，〔註 23〕可見，這種形式的長瓶在唐初即已常用，只是未有考古實物得以驗證。

第一排右起第六人，懷抱荷葉蓋大缽，此種形狀的器具，在初唐出現較

〔註 19〕孫機，《唐李壽墓石槨線刻〈侍女圖〉、〈樂舞圖〉散記》，上，《文物》，1996 年第 5 期，42 頁。

〔註 20〕蔣伯勤，《敦煌吐魯番文書與絲綢之路》，文物出版社，1994 年，16 頁。

〔註 21〕齊東方，《隋唐考古》，文物出版社，2009 年 4 月，230 頁。

〔註 22〕（宋）陶穀，《清異錄》，陳設門。

〔註 23〕參見孫機，《唐宋時代的茶具與酒具》，《文物叢談》，文物出版社，1991 年。

爲突然，因爲，類似形狀之對象的實物例證，最早出現在唐天復元年（901 年）浙江臨安水邱氏墓出土的銀器之上。宋元之後才開始流行。

第二排右起第三人，雙手持細頸瓶，其形制沿襲南北朝傳統形式，魏晉時期瓶頸較短，南北朝之後逐漸加長。宋元時期流行的玉壺春瓶即由此演化而來。唐代類此的細頸瓶還見於慶山寺地宮出土的細頸瓶（圖 8-1-17-a）；煌莫高窟 130 窟盛唐壁畫中侍女托盤之上的細頸瓶（圖 8-1-17b）。

第二排右起第四人，右手持牛角杯，左手提一提梁罐，提梁罐的提梁兩端接於罐身肩部的兩個附耳。其形制與現藏於陝西省博物館，出土於西安何家村的唐代鸚鵡紋提梁罐基本相同（圖 8-1-18）。

（圖 8-1-17）唐代細頸瓶

a、慶山寺地宮細頸瓶；b、敦煌莫高窟 130 窟盛唐壁畫中細頸瓶。

（圖 8-1-18）西安何家村出土的唐代鸚鵡紋提梁罐

第二排右起第五、六人，兩人合抬一五足炭爐。臺北故宮博物院藏《宮樂圖》大食桌上的兩個炭爐（或五足食爐）與此相似，只是器形偏小，還見於法門寺地宮出土的鎏金臥龜蓮花紋五足朵帶銀香爐。（圖 8-1-19）

第三排右起第三人，手托八曲長杯。就現有考古資料而言，多曲長杯的出現應不晚於十六國時期，新疆庫車克孜爾第 38 窟主室窟頂的 4 世紀壁畫中即有供養人持一多曲長杯。成於唐高宗咸亨四年（673 年）的房陵大長公主墓前室東壁中間侍女左手所持爲八曲長杯（圖 8-1-20）。盛唐之時，多曲長杯頗爲盛行，陝西耀縣背陰村出土的十二曲銀盃；日本奈良正倉院所藏的銅鎏金

（圖 8-1-19）法門寺地宮出土，鎏金臥龜蓮花紋五足朵帶銀香爐

（圖 8-1-20）陝西富平房陵大長公主墓前室東壁中間壁畫局部

八曲長杯及日本神戶白鶴美術館收藏的銀鎏金花鳥卷草紋八曲長杯，皆唐代之物。

第三排右起第四人，雙手端盛酒杯托盤。唐墓壁畫中此形象亦多，如西安市雁塔區羊頭鎮李爽墓（668 年）墓室西壁壁畫，北起第二幅中托盤侍女〔註 24〕等。

第三排右起第六人，手舉之物因形象不明確，似掃帚或拂子。

第三排右起第五、七人，兩人合抬一食案，此案與《宮樂圖》中大食桌相仿，可能由於是配合矮凳或茵褥使用的原因，體量偏小。此食案上滿布橢圓形，不知為何。

二、李壽墓石槨樂舞圖考述

李壽墓石槨內壁東向南間，線刻立樂伎 12 人，由上至下分列三排。手持樂器由上排左起分別為：笙、簫、大篳篥、銅鈸、橫笛、小篳篥、雲和（2 件）、琵琶（2 件）、五弦、豎箜篌。〔註 25〕（圖 A-3）內壁北向板線刻坐樂伎 12 人，所持樂器由上排左起分別為：豎箜篌、五弦、琵琶、箏、笙、橫笛、

〔註 24〕申秦雁主編，《神韻與輝煌——陝西歷史博物館國寶鑒賞．唐墓壁畫卷》，三秦出版社，2006 年 6 月，71 頁。

〔註 25〕秦序先生考為：笙、簫、尺八、鈸、橫笛、篳篥、琴、箏、曲項、曲項、五弦。

排簫、篳篥、銅鈸、槃鞞、腰鼓和貝。〔註26〕（圖 A-4）內壁西向北間線刻舞女六位，髮式、服飾與其它壁板侍女相同（圖 A-5）。

據李壽墓發掘簡報分析，由於樂伎圖中沒有編鍾、編磬兩種禮樂器，所以不屬於雅樂和清樂，「當屬龜茲部樂」。〔註 27〕簡報並推論貞觀四年即已盛行立、坐二部伎樂。

所查歷史文獻中有關坐、立部伎之記載，最早可考於貞觀十六年（642年），《通典》卷一百四十六載：

> 燕樂，武德初未暇改作，每宴享，因隋舊制，奏九部樂。至貞觀十六年十一月宴百僚，奏十部。先是伐高昌，收其樂付太常，至是增爲十部伎。其後分坐、立二部。

其後，高宗儀鳳二年（677 年），《通典》卷一百四十七載：

> 立部伎内《破陣樂》五十二遍，修入稚樂，只有兩遍，名《七德》；立部伎内《慶善樂》五十遍，修入稚樂，只有一遍，名九功。〔註28〕

另有，《舊唐書》音樂志云：

> 高祖登極之後，享宴因隋之舊，用九部樂，其後分爲二部……《安樂》等八舞，聲、樂皆立奏之，樂府謂之「立部伎」，其餘總謂之「坐部伎」。則天、中宗之代，大增造坐、立諸舞，尋以廢寢。

明確將伎樂分爲二部則在玄宗時期，《文獻通考》載：

> 玄宗時分樂爲二部，堂下立奏，謂之立部伎；堂上坐奏，謂之坐部伎。〔註 29〕

《新唐書》禮樂志載：

> （玄宗）帝即位……又分樂爲二部：堂下立奏，謂之立部伎；堂上坐奏，謂之坐部伎。太常閱坐部，不可教者隸立部，又不可教者，乃習稚樂」。〔註 30〕

〔註26〕秦序先生考爲：豎箜篌、五弦、曲項、箏、笙、橫笛、簫、篳篥、鈸、？鼓、腰鼓、貝。

〔註27〕陝西省博物館、文管會，《唐李壽墓發掘簡報》，《文物》，1974 年第 9 期，76頁。

〔註28〕《通典》，卷一四七，郊廟宮懸備舞議條引。

〔註29〕《文獻通考》，卷第一，田賦考，浙江古籍出版社，2007 年 1 月。

〔註30〕《新唐書》，卷二十一，禮樂志。

根據秦序先生所考，立部伎先於坐部伎。坐、立部伎是在玄宗時才得完善，定型為坐六部、立八部。其發展過程如下表：〔註31〕

附表 8-1：坐、立部伎發展歷程

曲　名	所屬樂部	形成年代	備　　註
安樂	立部伎	北周	建德六年（公元 577 年）製
太平樂	立部伎	唐以前	
破陣樂	立部伎	太宗	
慶善樂	立部伎	太宗	貞觀六年製
讌樂	坐部伎	太宗	貞觀十四年製
大定樂	立部伎	高宗	
上元樂	立部伎	高宗	上元三年製
聖壽樂	立部伎	武后	
光聖樂	立部伎	高宗	
長壽樂	坐部伎	武后	長壽年製
天授樂	坐部伎	武后	天授年製
鳥歌萬歲樂	坐部伎	武后	
龍池樂	坐部伎	玄宗	
（小）破陣樂	坐部伎	玄宗	

注：另有文獻認為聖壽樂、光聖樂為玄宗所製。〔註32〕

從以上文獻所顯示的時間上來看，坐、立部伎的出現，應在貞觀十六年，早於李壽墓石槨的製作年代。以文獻所示的年代，並不能證明在此之前，坐、立部伎沒有形成。坐、立部伎的十四曲中大多數是在高宗、武后時所製。需要注意的是最早的坐部伎曲《讌樂》，是貞觀十四年才製作的，由此也可說明，與立部伎相對應的坐部伎的出現理應晚於李壽墓石槨的刻製年代。

〔註31〕秦序，《唐李壽墓石刻壁畫與坐、立部伎的出現年代》，《中國音樂學》，1991年第2期，13頁。

〔註32〕王學敏，《唐「坐部伎」和「立部伎」考略》，《中原文物》，1983年第4期，82頁。

關於樂舞伎服飾的記載以《通典》中「坐、立部伎」條最爲權威和詳細，而李壽墓石槨線刻中的樂、舞伎服飾與人數卻與文獻有些出入。《通典》載：

《長壽樂》：

舞十有二人，畫衣冠也。

《龍池樂》：

舞有七十二人（十二人）〔註33〕，冠飾以芙容。

《天授樂》：

舞四人，畫衣，五彩鳳冠。

《讌樂》又分爲四部：

《景雲》，舞八人，花錦袍、五色綾綠、雲冠、烏皮靴；《慶善》，舞四人，紫綾、大袖、絲布袴、假髻；《破陣樂》，舞四人，緋綾袍，錦衿褾，緋綾袴；《承天樂》，舞四人，紫袍，進德冠，並金銅帶。

《鳥歌萬歲樂》：

舞三人，緋大袖，並畫鸜鵒，冠作鳥象。

《破陣樂》：

生於立部伎《破陣樂》，舞四人，金甲胄。〔註34〕

以文獻對應李壽墓石槨樂舞圖像，樂伎、舞伎的人數與文獻記載不符。文獻中樂舞伎多戴頭冠，而圖像中並無一例戴冠者；服裝也比記載中顯得單調。就服飾而言，李壽墓石槨樂、舞伎則與坐、立部伎的標準服飾不符。

坐、立部伎樂係雅樂，多爲帝王所製，《通典》，慶善樂條注曰：

先是《神功破陣樂》、《功成慶善樂》二舞，每奏，上皆立對。高宗時太常博士裴寧眞議曰：「詳覽《傳記》，未有皇王立觀之禮並謂守眞議是。」

《資治通鑒》卷二一八載：

上皇（玄宗）每酺〔註35〕宴，先設太常雅樂坐部、立部。〔註36〕

〔註33〕參考坐部伎特性，此處應爲十二人，參見岸邊成雄，梁在平等譯《唐代音樂史的研究》，下冊，臺灣中華書局，1973年，635頁。

〔註34〕《通典》，卷一百四十六，「坐、立部伎」條。

〔註35〕酺，傳說中的主宰者，《周禮・第官・族師》：「春秋祭酺亦如之。」嚴廷德、鄭紅編，《古代漢語字典》，四川辭書出版社，2006年9月，448頁。

〔註36〕《資治通鑒》，卷二百一十八，唐紀三十四。

可見坐立部伎樂奏時必有帝在，雖然李壽爲皇親，恐也未必能以此伎樂爲日常娛樂，並在死後刻入石槨隨葬，初唐喪葬制度較爲嚴格，理應不會出現違制現象。

此外，李壽墓石槨樂伎的手持樂器中只有兩個鼓器，而立部演奏時鼓聲如雷「動蕩山谷」，鼓在整部樂曲中起著重要作用。如，白居易在《立部伎——刺雅樂之替也》一詩中云：

立部伎，鼓笛喧。舞雙劍，跳七丸。嫋巨索，掉長竿。

太常部伎有等級，堂上者坐堂下立。堂上坐部笙歌清，

堂下立部鼓笛鳴。笙歌一聲眾側耳，鼓笛萬曲無人聽。

立部賤，坐部貴，坐部退爲立部伎，擊鼓吹笙和雜戲。〔註 37〕

特別是李壽墓石槨立姿樂伎的樂器中，卻沒有一個鼓器，顯見與立部伎樂的要求不符。

顯然，李壽墓石槨內壁所刻奏樂舞伎圖並非坐、立部伎，應是唐人所謂「後庭伎樂」，〔註 38〕其中或可包括坐、立部伎的一部分曲部。

《唐會要》卷三四載：

（神龍二年）敕三品已上，聽有女樂一部；五品已上，女樂不過三人。皆不得有鍾、磬、樂師。

《舊唐書》卷一百零六載，玄宗曾賜李林甫「女樂二部」。〔註 39〕可見，私有伎樂也是唐代高級貴族的身份標誌。

唐代雅樂主要是由太常寺主持及教習，朝內諸樂官統由太常一卿管轄，《舊唐書》職官三載：

太常寺：卿一員（正三品），少卿二人（正四品）。太常卿之職，掌邦國禮樂、郊廟、社稷之事，以八署分而理之：一日郊社，二日太廟，三曰諸陵，四日太樂，五日鼓吹，六日太醫，七日太卜，八曰廩犧。總其官屬，行其政令。……凡備大享之鬻服，有四院（一曰天府院，二曰御衣院，三曰樂懸院，四曰神廚院。〔註 40〕

太常寺除教習雅樂之外，還教習教坊、胡樂、府縣散樂等。除太常寺之

〔註 37〕《全唐詩》第 426 卷，005 首，《立部伎——刺雅樂之替也》。

〔註 38〕《唐會要》，卷三十四，載「先天元年正月。皇太子令宮臣就率更寺閱女樂……宴私多豫。後庭妓樂。」

〔註 39〕坐立部伎分：坐六部、立八部。

〔註 40〕（後晉）劉昫，《舊唐書》，卷四十四，職官三，中華書局，1975 年，1872 頁。

外，唐代亦有宣徽院、率更寺等處管理樂人。唐代的藩王、太子等也有自置的一些樂人，如，玄宗爲王時即有散樂一部。〔註 41〕率更寺即爲太子東宮官署之一，專掌女樂，《通典》卷三十載：

> 率更令，秦官。……隋掌伎樂漏刻，有令、丞、錄事各一人。大唐因之……龍朔二年，改率更寺爲司更寺，改令爲大夫。咸亨初復舊，丞、主薄各一人。〔註 42〕

《通典》卷一百四十七載：

> 大唐先天元年（712 年）正月，皇太子令官臣就率更寺閱女樂。〔註 43〕

《大唐六典》載：

> 太子率更寺，令一人，從四品上。漢詹事府屬官，有太子率更令丞。……隋率更寺令一人，皇朝因之，龍朔二年（662 年），改爲司更大夫，咸亨元年（670 年），復舊。（中略）率更令之職，掌宗族次序、禮樂刑罰及漏刻之政令。〔註 44〕

通過分析可見，作爲社稷禮樂的坐、立部伎樂，只有在國宴或祭祀等重大活動中才能啓用，〔註 45〕不可能爲除皇帝之外的人私有，再者，其宏大、莊重的曲風也並不適於貴族的私娛之樂。李壽爲高祖李淵堂弟，定有自己的私教樂伎。據孫機先生分析，李壽墓石槨線刻所示的伎樂是以教坊俗樂與其它戲曲音樂相結合而形成的一種在唐初貴族階層流行的新俗樂。〔註 46〕這種合奏器樂形式還見於李憲墓墓室東壁壁畫（圖 8-2-1）及富平呂村鄉朱家道村唐墓墓室東壁壁畫（圖 8-2-2），只是李壽墓均爲女性，而另兩墓的壁畫中的樂手則男女均有。

〔註 41〕黎國韜，《先秦至兩宋樂官制度研究》，廣東人民出版社，2009 年 6 月，187 頁。

〔註 42〕《通典》，卷三十，職官十二，東宮，太子率更令。

〔註 43〕《通典》，卷一百四十七，樂七，東宮宴會奏金石軒懸及女樂等議。

〔註 44〕《大唐六典》，卷七十二。

〔註 45〕《舊唐書》，卷四十四，職官三載：凡天子宮懸鍾磬，凡三十六簴。凡大宴會，則設十部伎。凡大祭祀、朝會用樂，辨其曲度章服，而分始終之次。有事於太廟，每室酌獻各用舞。凡祀昊天上帝及五方《大明》、《夜明》之樂，皆六成，祭皇地祗神州社稷之樂，皆八成·享宗廟之樂，皆九成。其餘祭祀，三成而已。

〔註 46〕孫機，《唐李壽墓石槨線刻〈侍女圖〉、〈樂舞圖〉散記》，下，《文物》，1996 年第 6 期，67 頁。

（圖 8-2-1）
李憲墓墓室東壁壁畫局部

（圖 8-2-2）富平呂村鄉朱家道村
唐墓墓室東壁壁畫局部

三、韋氏無名石槨天王圖像

韋氏無名石槨南向中間壁板，線刻兩個相對而立天王像，兩天王形態相同，係同一樣稿反轉應用。天王著甲冑戰裙，作威嚴怒目、手舞足蹈狀。（圖 K-1）

（圖 8-3-1）寧懋石室

武士，北魏景明二年

在唐代石槨人物線刻中，除李壽墓石槨外壁刻有類似天王的武士形象外，其它石槨均爲侍女及宦官。北魏景明二年（501 年）寧懋石室上線刻的兩武士形象，（圖 8-3-1）雖與該石槨的天王形象相似，但其象徵意義完全不同。寧懋石室的武士與李壽墓石槨的武士均是現實中的人物，而該石槨的天王確是佛教形象，以宗教題材加於石槨之上很可能與武周崇佛有關。

根據韋氏家族墓地的情況及石槨上的侍女形象來分析，韋氏無名石槨應成於中宗景龍二年（708 年）至開元六年（718 年）之間。就現存的中國古代繪畫及雕塑而言，天王形象在唐代最為流行，〔註 47〕而出現於石槨之上卻屬特例。由於武周時期（684 年～704 年）定佛教為國教，全國佛教大興，其後亦興盛不減。開鑿於武周時期的洛陽龍華寺洞是天王「最多最密集的地方」，〔註 48〕而在整個唐代，天王形象大多集中在武周至玄宗時期，以龍門石窟為例，武周前僅有 21 尊，而武周至玄宗期間就有 113 尊之多〔註 49〕，可見武周伊始天王形象極為流行。另一個值得關注的現象，在佛教經變圖像中，唐宣宗大中五年（851 年）歸義軍之前的天王形象均是單出〔註 50〕（圖 8-3-2），而在墓葬中出現的天王形象則多為兩尊對立，顯然天王形象除了鎮墓之外還具有一定的裝飾作用。

（圖 8-3-2）《天王像》

伯孜克里克第 32 窟主室北側壁

〔註 47〕李淞，《長安藝術與宗教文明》，中華書局，2002 年 12 月，289 頁。
〔註 48〕李淞，《長安藝術與宗教文明》，中華書局，2002 年 12 月，313 頁。
〔註 49〕李淞，《長安藝術與宗教文明》，中華書局，2002 年 12 月，291～303 頁。
〔註 50〕沙武田，《敦煌畫稿研究》，中央編譯出版社，2007 年 5 月，193 頁。

唐代葬具中凸現天王形象是佛教喪葬傳統，世俗喪葬幾乎沒有。如，成於開元二十年（732 年）現藏於長安博物館唐代女尼慈和的方形石棺，其基座即雕有六個力士形象（圖 8-3-3）；再如，成於盛唐時期的山西太山龍泉寺地宮石門門框立柱之上各浮雕一個天王形象〔註 51〕；陝西寶雞扶風唐代法門寺地

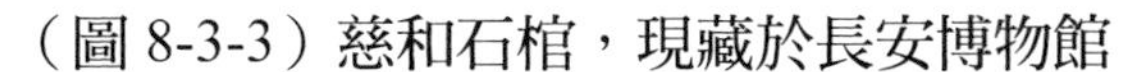
（圖 8-3-3）慈和石棺，現藏於長安博物館

（圖 8-3-4）香積寺小型石門，現藏於長安博物館

（圖 8-3-5）法門寺地宮前室門東西兩內側線刻力士

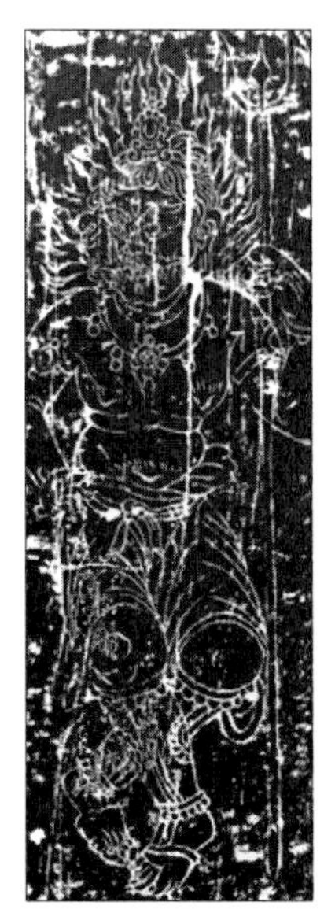

〔註 51〕《山西青年報》，2008 年 6 月 13 日。

宮第三道石門〔註 52〕、地宮出土的兩幅石門；現藏於長安博物館 1997 年出土於長安郭杜香積寺的小型石門（圖 8-3-4）及現藏於臨潼博物館的唐慶山寺遺址出土的石門均刻天王形象。而法門寺地宮前室門東西兩內側線刻力士（圖 8-3-5）及唐永徽三年大雁塔門楣立柱護法天王〔註 53〕的服飾、神情與韋氏無名石槨所刻天王的形象比較接近。由此分析，墓主理應是虔誠佛教信徒，所以在製作葬具時加入了佛教因素。由於該墓被盜，僅餘石槨及石墓門一具，有待新資料出現，或可證明這種推斷。

（圖 8-3-6）
李壽墓石槨立柱線刻

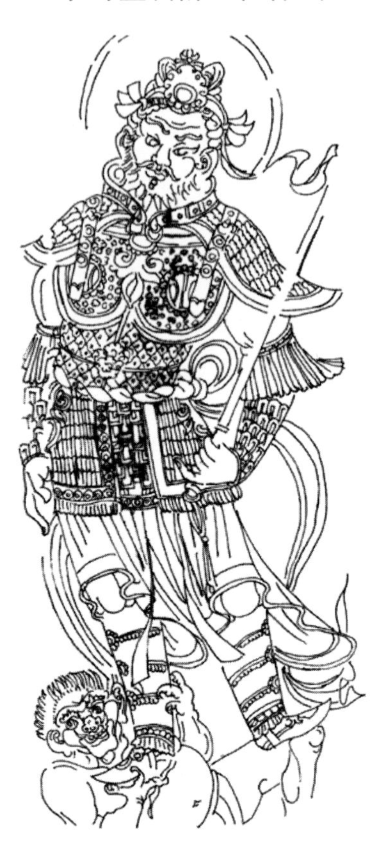

從該石槨的天王形象來看，已與早期天王形象有所區別，韋氏無名墓石槨的天王形象已經脫離了早期以盔甲滿布身體的現象，人體的曲線明顯呈現出來。唐早期天王手中多持武器（圖 8-3-6），而該槨天王則將武器去掉或換爲寶器，這種轉換不僅與唐代的社會穩定經濟繁榮有關，亦體現出佛教形象漢化進程中的人性化傾向。

就該石槨的天王比例來分析，刻製年代也基本能確定在武周末至玄宗初之間。以現存的唐代天王形象來看，唐代初始，天王的頭和上身較大，下身較短，如，上元二年的洛陽奉先寺大龕北壁的天王（圖 8-3-7-A）。玄宗時期，天王量度已接近常人的正常比例，〔註 54〕頭與身長基本爲 1：7，如，鑿建於開元年間的敦煌 45 窟西壁平頂敞口龕內的南北天王像（圖 8-3-7-B）。而韋氏無名石槨的天王身高比例明顯介於這兩個時期之間（圖 8-3-7-C），顯然該石槨的天王形象爲初唐至盛唐之間的量度程序。

〔註 52〕陝西省考古研究所、法門寺博物館、寶雞市文物局、扶風縣博物館，《法門寺考古發掘報告》，文物出版社，2007 年 4 月，圖版二一。

〔註 53〕大雁塔門楣立柱《護法天王》，參見《中國畫像石全集》第 8 輯，116～117 頁。

〔註 54〕這種現象與唐代世俗人物造型的變化相同。

（圖 8-3-7）天王比例對比圖

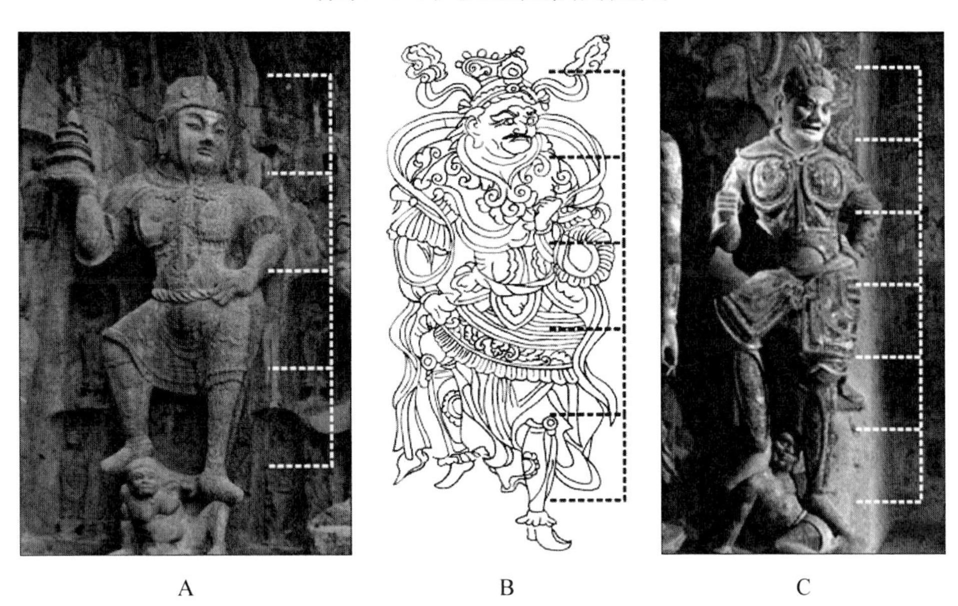

A　　B　　C

A、洛陽奉先寺大龕北壁天王像；B、韋氏無名石槨南向中間天王；C、敦煌 45 窟西壁平頂敞口龕內的南北天王像。

附表 8-2：隋唐各道壁畫寺觀數量及畫家數量對比表

隋唐各道壁畫寺觀數量		隋唐各道畫家數量	
道　名	寺觀數量	道　名	記載畫家數量
京畿道	68	京畿道	55
關內道	0	關內道	3
都畿道	22	都畿道	12
河南道	6	河南道	13
河東道	9	河東道	12
河北道	6	河北道	15
山南東道	9	山南東道	0
山南西道	1	山南西道	0
隴右道	1	隴右道	1
淮南道	9	淮南道	5
江南東道	32	江南東道	22

江南西道	13	江南西道	1
黔中道	0	黔中道	0
劍南道	30	劍南道	13
嶺南道	1	嶺南道	2
總　計	207	總　計	154

附表 8-3：唐代壁畫墓的地理分佈數量對比表

關中 102	西安	長安	咸陽	臨潼	禮泉	乾縣	高陵	三原	蒲城	藍田	涇陽	富平	岐山	扶風
	28	16	8	1	20	7	2	5	4	2	1	6	1	1
山西 8	太原	萬榮												
	7	1												
河南 2	洛陽	安陽												
	1	1												
北京 2	海淀	豐臺												
	1	1												
新疆 6	吐魯番													
	6													
寧夏 2	固原													
	2													
吉林 1	和龍													
	1													
重慶 1	萬縣													
	1													
湖北 5	鄖縣	安陸												
	4	1												
浙江 2	臨安													
	2													
廣東 1	韶關													
	1													

插圖目錄

（圖 G）　章懷太子墓石槨線刻分佈圖。李杰臨摹。

（圖 H）　韋洞墓石槨人物線刻圖像。源自陝西省文物管理委員會，《長安縣南里王村唐韋洞墓發掘記》，《文物》，1959 年第 8 期，10～12 頁。李杰線摹。

（圖 I）　韋詢墓石槨人物線刻分佈圖。李杰臨摹。

（圖 J）　韋頊墓石槨人物圖像。源自源自 1、西安碑林博物館，《西安碑林全集》一零二卷，廣東經濟出版社，1999 年 12 月，54～80 頁。2、王子雲，《中國古代石刻畫選集》，中國古典藝術出版社，1957 年 7 月，圖版。李杰線摹。

（圖 K）　韋氏無名石槨人物線刻分佈圖。李杰臨摹。

（圖 L）　薛儆墓石槨人物線刻分佈圖。源自山西省考古研究所，《唐代薛儆墓發掘報告》，科學出版社，2000 年 9 月，42～54 頁。

（圖 S）　秦守一墓石槨壁板線刻。源自《西安晚報》，2009 年 9 月 28 日。李杰線摹。

（圖 N）　阿史那懷道十娃夫婦墓墓石槨人物線刻圖像。順陵文管所郭勇先生提供。李杰線摹。

（圖 T-1）武惠妃石槨侍女圖。源自《西安晚報》，2010 年 6 月 18 日。李杰線摹。

（圖 T-2）武惠妃石槨底座訓獅圖。源自《西安晚報》，2010 年 6 月 18 日。李杰線摹。

（圖 T-3）武惠妃石槨侍女圖。源自《西安晚報》，2010 年 6 月 18 日。李杰線摹。

（圖 O）　楊思勖墓石槨人物線刻圖像。源自中國社會科學院考古研究所，《唐長安城郊隋唐墓》，文物出版社，1980 年，圖版四六。

（圖 P）　李憲墓石槨線刻分佈圖。源自陝西省考古研究所，《唐李憲墓發掘報告》，科學出版社，2005 年 1 月，194～219 頁。

（圖 Q）　王賢妃墓石槨人物線刻圖像。李杰臨摹。

（圖 R）　武令璋墓石槨人物線刻圖像。源自王勇剛、白保榮、宿平，《新發現的唐武令璋石槨和墓誌》，《考古與文物》，2010 年第 2 期，22～25 頁。

（圖 2-1-1）昭陵陪葬墓分佈圖。源自（清）畢元校，《宋著長安圖志》，卷

代建築歷史圖說》，中國建築工業出版社，2002 年 11 月，73 頁。

（圖 2-1-13） 敦煌㚬高窟第 172 窟壁畫局部。源自《中國古代建築歷史圖說》，73 頁。

（圖 2-1-14） A、雲岡 21 窟塔柱斗拱。B、麥積山 5 窟斗拱。源自《中國古代建築歷史圖說》，45 頁。

（圖 2-1-15） 李晦墓石槨南 a 壁板，李杰攝。

（圖 2-1-16） 李晦墓石槨倚柱、壁板平面圖。李杰繪。

（圖 2-3-1） 北宋游師雄覆刻《淩煙閣功臣圖》局部。源自中國畫像石編輯委員會編，《中國畫像石全集》第 8 卷，山東美術出版社、河南美術出版社，2000 年 6 月，15 頁。

（圖 2-3-2） （傳）周文矩，《宮樂圖》局部，絹本，佛羅倫薩貝倫森（Berenson）收藏。源自（美）巫鴻，文丹譯，黃小峰校，《重屏——中國繪畫中的媒材與再現》，世紀出版集團、上海人民出版社，2009 年 12 月，66 頁。

（圖 2-3-3） 永泰公主墓石門線刻。源自陝西省文物管理委員會，《唐永泰公主墓發掘簡報》，《文物》，1964 年第 1 期。

（圖 2-3-4） 傳閻立本，《步輦圖》局部。

（圖 2-3-5） 懿德太子墓墓頂題記。源自羅寧，《冷靜的目光——唐墓壁畫出自何人之手》，陝西人民美術出版社，2005 年 10 月，56 頁。

（圖 3-1-1） 敦煌 220 窟北壁西側七佛藥師變局部，源自中國美術全集編輯委員會，《中國美術全集——繪畫編》第 16 輯，敦煌壁畫，下，人民美術出版社，1984 年 9 月，圖版十七。

（圖 3-1-2） 山西佛光寺東大殿北側栱眼的唐代諸菩薩眾像局部。源自柴澤俊、賀大龍編，《山西佛寺壁畫》，文物出版社，2006 年 3 月，100 頁。

（圖 3-1-3） 永泰公主墓石槨外壁東向中間局部。李杰攝。

（圖 3-2-1） 陝西神木大保當墓門畫像石局部。源自中國畫像石編輯委員會編，《中國畫像石全集》第 5 卷，山東美術出版社、河南美術出版社，2000 年 6 月，168 頁。

（圖 3-2-2） 阿史那懷道十娃夫婦石槨立柱殘件。現存於順陵文管所，李杰

（圖 4-3-16）《尊勝佛母像》的起稿儀軌。源自李翎，《佛教造像量度與儀軌》，宗教文化出版社，1998 年 11 月，41 頁。

（圖 4-4-1）《上林苑鬥獸圖》局部，東漢，磚畫，美國波士頓美術館藏。源自洪再新，《中國美術史圖像手冊——繪畫卷》，中國美術學院出版社，2005 年 1 月，19 頁。

（圖 4-4-2）唐代石槨線刻中的宦官臉型。A、韋詢墓石槨南向中間偏東門吏線刻局部；B、韋泂墓石槨《新貴持笏圖》局部；C、薛儆墓石槨石墓門右門扉線刻局部；D、阿史那懷道十娃夫婦墓石槨宦官線刻局部。

（圖 4-4-3）宦官頭像。咸陽市底張灣萬泉縣主薛氏墓甬道西壁壁畫局部。源自《神韻與輝煌——陝西歷史博物館國寶鑒賞・唐墓壁畫卷》，204 頁。

（圖 4-4-4）唐代石槨侍女臉型。A、永泰公主墓石槨內壁東面南次間線刻局部；B、韋詢墓石槨北向東面第二間線刻局部；C、李憲墓石槨內壁西向中間線刻局部；D、永泰公主墓石槨內壁南面東間線刻局部；E、永泰公主墓石槨內壁北面次間線刻局部；F、薛儆墓石槨外壁西向中間線刻局部。

（圖 4-5-1）漢陽陵出土妃子俑。源自陝西省考古研究所，《漢陽陵》，重慶出版社，2001 年 10 月，52 頁。

（圖 4-5-2）唐張禮臣墓屏風，侍女眼形。源自陳夏生主編，《中華五千年文物集刊——服飾篇》，下，（臺灣）中華五千年文物集刊編輯委員會，1986 年 10 月，178 頁。

（圖 4-5-3）洛陽石棺床局部，北魏。源自《中國畫像石全集》卷八，35 頁。

（圖 4-5-4）李壽墓石槨人物眼形程序。A、內壁東向西間壁板線刻，第一排左起第二人局部；B、內壁北嚮壁板線刻第一排左起第 3 人局部；C、內壁北嚮壁板線刻第二排左起第 3 人局部；D、內壁北嚮壁板線刻第三排左起第 1 人局部。

（圖 4-5-5）薛儆墓石槨壁板外壁西向中間局部。源自《唐薛儆墓發掘報告》，46 頁。

（圖 4-5-6）薛儆墓石槨壁板內壁東向南間局部。源自《唐薛儆墓發掘報告》，49 頁。

壁西北間半圈瞳孔；G、北壁中間（東）點狀瞳孔；H、北壁中間（西）點狀瞳孔。

（圖 4-5-19）李憲墓石槨內壁南向西間壁板線刻局部。源自《唐李憲墓發掘報告》，199 頁。

（圖 4-5-20）王賢妃墓石槨壁板侍女線刻局部。李杰攝。

（圖 4-5-21）惠莊太子墓石墓門右門扉門吏局部。源自陝西省考古研究所等，《唐惠莊太子李撝墓發掘報告》，科學出版社，2004 年，圖 24。

（圖 4-5-22）章懷太子墓石槨東向中間的宦官。李杰臨摹。

（圖 4-5-23）陝棉十廠唐墓壁畫宦官。源自《壁上丹青——陝西出土壁畫集》，下，384 頁。

（圖 4-5-24）薛儆墓壁畫中的宦官。山西省考古研究所，《唐代薛儆墓發掘報告》，圖版 072。

（圖 4-5-25）鄭仁泰墓石槨立柱的持笏宦官眼形。昭陵博物館李浪濤提供，李杰線摹。

（圖 4-5-26）楊思勖墓石槨的宦官眼形。源自中國社會科學院考古研究所，《唐長安城郊隋唐墓》，文物出版社，1980 年 9 月，75 頁。

（圖 4-5-27）李憲墓石門東門扉線刻的宦官眼形。源自《唐李憲墓發掘報告》，167 頁。

（圖 4-5-28）東王公畫像局部，東漢晚期，山東嘉祥縣宋山出土。源自中國畫像石全集編輯委員會，《中國畫像石全集》第 2 輯，河南美術出版社、山東美術出版社，2000 年 6 月，92 頁。

（圖 4-5-29）傳統眼形流變圖。

（圖 4-6-1）歷代平胸仕女圖例。1、湖北江陵義地 6 號東周楚墓出土女木俑；2、漢景帝陽陵出土的塗白嬪妃陶俑；3、漢陽陵出土的侍女俑；4、傳北齊楊子華《北齊校書圖》局部；5、湖南長沙馬王堆漢墓出土彩繪木俑；6、傳東晉顧愷之《女史箴圖》局部；7、傳閻立本《步輦圖》局部；8、唐節愍太子墓前甬道西壁侍女；9、新城長公主墓第五過洞西壁北開間壁畫；10、傳周昉《簪花仕女圖》局部；11、傳張萱《搗練圖》局部；12、南宋陳清波《瑤臺步月圖》團扇局部；13、甘肅敦煌莫高窟 409 窟《西

（圖 4-7-4） 大長公主墓前室西壁北側侍女局部。源自《神韻與輝煌——陝西歷史博物館國寶鑒賞・唐墓壁畫卷》，圖 40。

（圖 4-7-5） 反綰髻梳理示意圖。源自《中國服飾藝術史》，90 頁。

（圖 4-7-6） 富平縣房陵大長公主墓前室東壁中間梳回鶻髻侍女局部。源自《神韻與輝煌——陝西歷史博物館國寶鑒賞・唐墓壁畫卷》，79 頁。

（圖 4-7-7） 李晦墓石槨南向西間線刻侍女髮式。李杰臨摹。

（圖 4-7-8） 永泰公主墓石槨內壁南向西間線刻侍女的反綰髻。李杰線摹。

（圖 4-7-9） 韋頊墓石槨捧果盤侍女的反綰髻。李杰線摹。

（圖 4-7-10）永泰公主墓石槨內壁東向中間線刻，初唐半翻髻。李杰線摹。

（圖 4-7-11）懿德太子墓前室南壁東側侍女。源自《神韻與輝煌——陝西歷史博物館國寶鑒賞・唐墓壁畫卷》，132 頁。

（圖 4-7-12）韋詢墓石槨北向東間線刻半翻髻。李杰臨摹。

（圖 4-7-13）韋詢墓石槨外壁北向西間壁板線刻局部。李杰臨摹。

（圖 4-7-14）薛儆墓石槨內壁東向南間壁板線刻局部。源自《唐代薛儆墓發掘報告》，49 頁。

（圖 4-7-15）薛儆墓石槨外壁南向西間壁板線刻局部。源自《唐代薛儆墓發掘報告》，48 頁。

（圖 4-7-16）薛儆墓石槨外壁南向東間壁板線刻局部。源自《唐代薛儆墓發掘報告》，48 頁。

（圖 4-7-17）麥積山石窟西魏 123 窟《女童像》。源自《中國美術簡史》，148 頁。

（圖 4-7-18）李憲墓石槨內壁西向中間壁板線刻局部。源自《唐李憲墓發掘報告》，206 頁。

（圖 4-7-19）李憲墓石槨內壁北向東間壁板線刻局部。源自《唐李憲墓發掘報告》，200 頁。

（圖 4-7-20）王賢妃墓石槨壁板線刻局部。李杰臨摹。

（圖 4-7-21）王處直墓浮雕伎樂侍女局部。源自河北文物研究所、保定市文物管理處，《五代王處直墓》，文物出版社，1998 年 7 月，彩版 48。

（圖 4-7-22）北魏加采女陶俑假髻。源自陳夏生主編中華五千年文物集刊編

9 期。

（圖 5-4-1） 《冬壽夫人像》壁畫局部，十六國，朝鮮民主主義共和國黃海北道安岳冬壽婦墓出土。源自李歆，《高句麗冬壽夫婦像》，《通化師範學院學報》，2001 年第 3 期。

（圖 5-4-2） 曲線張力對比圖。

（圖 5-4-3） 薛儆墓石槨內壁北向西間線刻。源自《唐代薛儆墓墓發掘報告》，49 頁。

（圖 5-4-4） 薛儆墓石槨內壁西向北間線刻。源自《唐代薛儆墓墓發掘報告》，53 頁。

（圖 5-4-5） 李憲墓石門西門扉線刻。源自《唐李憲墓發掘報告》，116 頁。

（圖 5-4-6） 李憲墓石槨內壁西向中間壁板線刻。源自《唐李憲墓發掘報告》，206 頁。

（圖 5-4-7） 魏晉圓形曲線與唐代拋物線形曲線張力對比圖。

（圖 5-5-1） 李壽墓石槨立部伎線刻兩層深度示意圖。

（圖 5-5-2） 永泰公主墓石槨內壁北面東間線刻三層深度示意圖。

（圖 5-5-3） 永泰公主墓石槨內壁南面西間線刻四層深度示意圖。

（圖 5-5-4） 《隼鴨圖》分層示意圖。源自（美）方聞，李維琨譯，《心印——中國書畫風格與結構分析研究》，陝西人民美術出版社，2006 年 1 月，22 頁。

（圖 5-5-5） 張力示意圖。

（圖 5-5-6） 永泰公主墓石槨內壁東面中間線刻平行圖像示意圖。

（圖 5-5-7） 永泰公主墓石槨外壁南面東間線刻反相張力示意圖。

（圖 5-5-8） 手卷觀看示意圖。

（圖 6-1-1） 李壽墓石槨內壁東向西間壁板線刻。源自唐李壽墓石槨線刻《侍女圖》、《樂舞圖》散記下，《文物》，1996 年第 6 期，57 頁。李杰線摹。

（圖 6-1-2） 李壽墓壁畫樂舞圖局部。源自黃苗子，《藝林一枝》，生活・讀書・新知三聯書店，2004 年 1 月，15 頁。

（圖 6-1-3） 隋代女舞俑。源自李星明，《唐代墓室壁畫研究》，陝西人民美術出版社，2005 年 10 月，242 頁。

（圖 6-1-4） 楊溫墓墓室東壁的侍女圖。源自《唐墓壁畫集錦》，陝西人民出

年 9 月，圖 78。

（圖 6-1-20）章懷太子墓石槨外壁西間線刻。李杰臨摹。

（圖 6-1-21）永泰公主墓石槨內壁北向東間線刻。李杰線摹。

（圖 6-1-22）懿德太子墓前室西壁北鋪正面局部，源自《神韻與輝煌——陝西歷史博物館國寶鑒賞‧唐墓壁畫卷》，136 頁。

（圖 6-1-23）菩薩，絹本，盛唐，俄羅斯國立艾爾米塔什博物館藏。源自《俄藏敦煌藝術品》，上海古籍出版社，1997 年，圖版 71。

（圖 6-1-24）《羅漢像》絹本殘片，現藏於德國國立博物館。源自《中國美術史圖像手冊‧繪畫卷》，99 頁。

（圖 6-1-25）阿史那懷道十姓夫婦墓石槨內壁宦官線刻局部。順陵文管所郭勇先生提供。李杰線摹。

（圖 6-1-26）《石臺孝經》，唐天寶四年（745 年），東向北側碑座線刻局部，現藏於西安碑林博物院。李杰攝。

（圖 6-1-27）結構線群。A、薛儆墓石槨內壁南向東間線刻；B、薛儆墓石槨內壁西向中間線刻；C、薛儆墓石槨內壁西向南間線刻。注：圖中圓形虛線處爲小腿肚結構線。

（圖 6-1-28）結構線群。A、薛儆墓石槨內壁東向南間線刻；B、薛儆墓石槨外壁西向北間線刻；C、薛儆墓石槨外壁西向南間線刻；D、薛儆墓石槨外壁南向東間線刻。

（圖 6-2-1）《東公出行圖》局部，東漢晚期，1958 年滕州桑村鎮西戶口村出土，現藏於藤州市博物館。源自中國畫像磚編輯委員會，《中國畫像磚全集》，四川漢畫像磚，四川美術出版社，211 頁。

（圖 6-2-2）裝飾線群逐步填充。四面造像碑局部，北魏，現藏於臨潼博物館碑林。李杰攝。

（圖 6-2-3）《白衣佛》，北魏，敦煌莫高窟第 254 窟西壁壁畫中部。源自《中國美術史圖像手冊——繪畫卷》，66 頁。

（圖 6-2-4）李壽墓石槨坐姿伎樂線刻。源自《唐李壽墓石槨線刻《侍女圖》、《樂舞圖》散記下》，《文物》，1996 年第 6 期，58 頁。李杰線摹。

（圖 6-2-5）天尊造像碑座供養人像。源自中國美術全集編輯委員會，《中國美術全集——繪畫編》第 20 輯，石刻線畫，57 頁。

提供，李杰線摹。

（圖 6-3-10）《黃衣童子》局部，李邕墓墓室東壁北部。源自《壁上丹青——陝西省出土壁畫集》，下，331 頁。

（圖 6-3-11）李憲墓甬道西壁南起第 9 位男裝侍女。源自《壁上丹青——陝西省出土壁畫集》，下，355 頁。

（圖 6-3-12）男侍，唐安公主墓甬道東壁。源自《神韻與輝煌——陝西歷史博物館國寶鑒賞·唐墓壁畫卷》，235 頁。

（圖 6-3-13）法門寺地宮出土包裹奎口圈足密色瓷碗 FD4009 薄紙所繪的仕女摹本。源自陝西省考古研究院、法門寺博物館、寶雞市文物局、扶風縣博物館，《法門寺考古發掘報告》，文物出版社，2007 年 4 月，222 頁。

（圖 6-3-14）慈和石棺壁板線刻局部，現藏於長安博物館。李杰臨摹。

（圖 6-3-15）唐代《金剛力士》絹畫，現藏於英國不列顛博物館。源自劉樺、金濤，《中國人物畫全集》，2001 年 9 月，83 頁。

（圖 6-3-16）敦煌莫高窟 158 窟《涅槃變》。源自敦煌文物研究所，《敦煌壁畫》，文物出版社、生活·讀書·新知三聯書店香港分店，1982 年 9 月，圖 80。

（圖 6-3-17）敦煌莫高窟 112 窟《力士》。源自《敦煌壁畫》，圖 88。

（圖 6-3-18）體面交界線形成示意圖。

（圖 7-1-1） 李壽墓石槨坐姿伎樂圖局部。源自《西安碑林全集》一零二卷，石刻線畫，33 頁。

（圖 7-1-2） 鄭仁泰墓石槨持笏男侍線刻。昭陵博物館李浪濤提供。

（圖 7-1-3） 永泰公主墓內壁北向東間線刻。源自《中國畫像石全集》第 8 卷，120 頁。

（圖 7-1-4） 《羽人》，丁家閘十六國墓壁畫。源自《中國古代壁畫精華叢書——甘肅丁家閘十六國墓壁畫》，重慶出版社，1999 年 12 月，12 頁。

（圖 7-1-5） 《武士圖》，北周天和四年，李賢墓墓室前壁東側壁畫。李杰攝。

（圖 7-1-6） 新城長公主墓第五過洞西壁北開間壁畫局部。源自《壁上丹青——陝西出土壁畫集》，下，227 頁。

生變化。

（圖 8-1-1） 新疆庫車出土的龜茲舍利匣所繪樂隊局部。源自孫機，《唐李壽墓石槨線刻〈侍女圖〉、〈樂舞圖〉散記》，下，《文物》，1996 年第 6 期，60 頁。

（圖 8-1-2） 韋氏家族墓地出土《六扇士女屏風》局部。源自《神韻與輝煌——陝西歷史博物館國寶鑒賞・唐墓壁畫卷》，227 頁。

（圖 8-1-3） 安陽張盛墓出土的白釉瓷棋盤。源自《人民日報海外版》，2006 年 9 月 6 日，第 7 版。

（圖 8-1-4） 雙陸局棋盤圖。

（圖 8-1-5） 明刻本《七十二朝人物演義》插圖，中國國家圖書館所藏。

（圖 8-1-6） 馮暉墓甬道壁畫局部。源自咸陽市文物考古研究所，《五代馮暉墓》，重慶出版社，2001 年，圖版四四。

（圖 8-1-7） 雷峰塔地宮出土的「光流素月」鏡的鏡面線刻。源自揚之水，《終朝採藍》，生活・讀書・新知三聯書店，2008 年 11 月，110 頁。

（圖 8-1-8） 陝西富平縣房陵大長公主墓前室西壁北側壁畫局部。源自《神韻與輝煌——陝西歷史博物館國寶鑒賞・唐墓壁畫卷》，40 頁。

（圖 8-1-9） 安陽市豫北紗廠張盛墓出土的油燈臺。源自河南考古研究所安陽發掘隊：《安陽隋張盛墓發掘記》，《考古》，1959 年第 10 期。

（圖 8-1-10）炳靈寺石窟第 169 窟第 6 龕北壁下方壁畫局部。李杰攝。

（圖 8-1-11）西安王家墳村出土三彩俑。源《中華五千年文物集刊——服飾篇》，上，167 頁。

（圖 8-1-12）河南唐墓出土坐荃蹄陶俑。源自孫機，《唐李壽墓石槨線刻〈侍女圖〉、〈樂舞圖〉散記》，上，《文物》，1996 年第 5 期，40 頁。

（圖 8-1-13）傳唐，孫位，《高逸圖》局部，上海博物館藏。

（圖 8-1-14）陝西富平縣呂村唐李鳳墓甬道壁畫局部。源自《神韻與輝煌——陝西歷史博物館國寶鑒賞・唐墓壁畫卷》，91 頁。

（圖 8-1-15）陝西富平房陵大長公主墓後室北壁西側壁畫局部。源自《神韻與輝煌——陝西歷史博物館國寶鑒賞・唐墓壁畫卷》，89 頁。

（圖 8-1-16）唐慶山寺地宮所出的高足杯，現藏於臨潼博物館。源自齊東方，

主要參考文獻

歷史文獻

1. （南朝）謝赫，《古畫品錄》，人民美術出版社，1962 年。
2. （唐）段成式，《酉陽雜俎》，齊魯書社，2007 年 7 月。
3. （唐）張彥遠，承載注，《歷代名畫記》，貴州人民出版社，2009 年 1 月。
4. （宋）郭若虛，俞建華注，《圖畫見聞志》，江蘇美術出版社，2007 年 8 月。
5. （宋）李誡，《營造法式》，商務印書館，1933 年 12 月。
6. （西漢）司馬遷，《史記》，北京出版社，2006 年 7 月。
7. 施丁主編，《漢書新注》，三秦出版社，1994 年 7 月。
8. （唐）杜佑，《通典》，中華書局，1988 年 12 月。
9. （宋）王溥，《唐會要》，中華書局，1957 年 7 月。
10. 《全唐詩》，中華書局，1960 年 4 月。
11. （宋）歐陽修、宋祁撰《新唐書》中華書局，1975 年 2 月。
12. （後晉）劉昫等撰，《舊唐書》中華書局，1975 年 5 月。
13. （清）董浩等編，《全唐文》中華書局，1983 年 11 月。
14. （清）陳邦彥撰，《四庫文學總集選刊・歷代題畫詩類一》，卷五十四，上海古籍出版社，1993 年 11 月，第 1435 冊。
15. （清）徐松，張穆校，《兩京城坊考》，中華書局，1985 年。
16. （唐）張說、張九齡、李林甫，《大唐六典》，三秦出版社，1991 年。
17. （唐）房玄齡《晉書》，中華書局，1974 年 11 月。

18. （元）湯垕，《畫鑒》，於安瀾編，《畫品叢書》，上海人民美術出版社，1982 年。
19. （唐）姚汝能，《安祿山事跡》，《唐代筆記小說》，上冊，河北教育出版社。
20. 黃暉譯，《論衡校釋》，中華書局，1990 年 2 月。
21. （清）丁皐，《寫眞秘訣》，《芥子園畫傳》，人民美術出版社，1960 年。
22. （明）周履清，《天形道貌》，俞劍華編，《中國畫論類編》，人民美術出版社，1986 年 12 月。
23. （宋）米芾，《畫史》，於安瀾編，《畫品叢書》，上海人民美術出版社，1982 年。
24. （宋）董逌《廣川書跋・廣川畫跋》，文物出版社，1992 年 2 月。
25. 何志明、潘運告編，《唐五代畫論》，湖南美術出版社，2006 年 11 月。

考古資料

1. 陝西省文物管理委員會，《長安縣南里王村唐韋泂墓發掘記》，《文物》，1959 年第 8 期。
2. 陝西省文物管理委員會，《唐永泰公主墓發掘簡報》，《文物》，1964 年第 1 期。
3. 陝西省博物館、乾縣文教局唐墓發掘組，《唐懿德太子墓發掘簡報》，《文物》，1972 年第 7 期。
4. 陝西省博物館、乾縣文教局唐墓發掘組，《唐章懷太子墓發掘簡報》，《文物》，1972 年第 7 期。
5. 陝西省博物館、禮泉縣文教局唐墓發掘組，《唐鄭仁泰墓發掘簡報》，《文物》1972 年第 7 期。
6. 陝西省博物館、文管會，《唐李壽墓發掘簡報》，《文物》，1974 年第 9 期。
7. 安崢地，《唐房陵大長公主墓清理簡報》，《文博》，1990 年第 1 期。
8. 員安志，《陝西長安縣南里王村與咸陽飛機場出土大量隋唐珍貴文物》，《考古與文物》，1993 年第 6 期。
9. 郭延齡，《靖邊出土唐楊會石棺和墓誌》，《考古與文物》，1995 年第 4 期。
10. 解登、馬先科，《唐契苾明墓發掘記》，《文博》，1998 年第 5 期。
11. 山西省考古研究所，《唐代薛儆墓發掘報告》，科學出版社，2000 年。
12. 西安市文物保護考古所、王自力、孫福喜，《唐金鄉縣主墓》，文物出版社，2002 年 11 月。

13. 陝西省考古研究所，《唐李憲墓發掘簡報》，科學出版社，2005 年 1 月。
14. 王勇剛、白保榮、宿平，《新發現的唐武令璋石槨和墓誌》，《考古與文物》，2010 年第 2 期。
15. 山西省考古研究所，大同市考古研究所，《大同市北魏宋紹祖墓發掘簡報》，《文物》，2001 年第 7 期。
16. 王銀田、劉俊喜，《大同智家堡北魏墓室石槨壁畫》，《文物》，2001 年第 7 期。
17. 郭建邦，《北魏寧懋石室和墓誌》，《中原文物》，1980 年第 2 期。
18. 山西省考古研究所、太原市文物考古研究所、太原市晉源區文物旅遊局，《太原虞弘墓》，文物出版社，2005 年 8 月。
19. 陝西省考古研究院、法門寺博物館、寶雞市文物局、扶風縣博物館，《法門寺考古發掘報告》，文物出版社、2007 年 4 月。
20. 《中國考古學年鑒》，1994 年，文物出版社，1997 年 1 月，275 頁。
21. 劉合心，《陝西長安興教寺發現石刻線畫「搗練圖」》，《文物》，2006 年第 4 期。
22. 《華商報》，2009 年 9 月 28 日，A20 版。
23. 《西安晚報》，2010 年 6 月 17 日。
24. 岳起、謝高文，《中國文物報》，1994 年 5 月 15 日。
25. 陝西省考古研究院，《壁上丹青——陝西出土壁畫集》，科學出版社，2008 年。
26. 申秦雁主編，《神韻與輝煌——陝西歷史博物館國寶鑒賞・唐墓壁畫卷》，三秦出版社，2006 年 6 月。
27. 陳夏生主編，《中華五千年文物集刊——服飾篇》，下，（臺灣）中華五千年文物集刊編輯委員會，中華民國 75 年（1986 年）10 月。
28. 《中國考古學年鑒》，文物出版社，1997 年 1 月。
29. 中國科學院考古研究所，《新中國考古發現和研究》，科學出版社，1984 年。
30. 齊東方，《隋唐考古》，文物出版社，2009 年 4 月。
31. 齊東方，《試論西安地區唐代墓葬的等級制度》，《紀年北京大學考古專業三十週年論文集》，文物出版社，1990 年，286～310 頁。
32. 楊泓，《美術考古半世紀——中國美術考古發現史》，文物出版社，1997 年。
33. 孫秉根，《西安隋唐墓葬的形制》，《中國考古學研究（二）——夏鼐先生考古五十年紀念論文集》，科學出版社，1986 年。
34. 冉萬里，《漢唐考古學講稿》，三秦出版社，2008 年 10 月。

研究著述

1. 沈從文，《中國古代服飾研究》，世紀出版集團、上海書店出版社，2007年7月。
2. 徐邦達，《傳世閻立本步輦圖和蕭翼賺蘭亭圖的時代、作者考辨》，《考古與文物》，1980年，總第1期。
3. 金維諾，《古帝王圖的時代與作者》，《中國美術史論集》，人民美術出版社，1981年。
4. 謝稚柳，《唐代周昉〈簪花仕女圖〉的商榷》，《文物參考資料》，1958年第6期。
5. 楊仁凱，《關於〈唐周昉簪花仕女圖的商榷〉一文的管見及其它》，《中國書畫研究》，上海古籍出版社，2006年3月。
6. 龔國強，《隋唐長安城佛寺研究》，文物出版社，2006年10月。
7. 趙振宇，《試析隋唐繪畫創作的地理分佈》，《美術觀察》，2010 年第 1期。
8. 李星明，《唐代墓室壁畫研究》，陝西人民美術出版社，2005年10月。
9. 周積寅，《中國畫論輯要》，增訂本，江蘇美術出版社，2005年7月。
10. 繆哲，《以圖證史的陷阱》，《讀書》，2005年第2期，143頁。
11. 孫機，《唐李壽墓石槨線刻〈侍女圖〉、〈樂舞圖〉散記》，上，《文物》，1996年第5期，。
12. 孫機，《唐李壽墓石槨線刻〈侍女圖〉、〈樂舞圖〉散記》，下，《文物》，1996年第6期，。
13. 白適銘，《盛世文化表象——盛唐時期「子女畫」之出現及其美術史意義之解讀》，《藝術史研究》第九輯，中山大學出版社，2007年12月。
14. 王學敏，《唐「坐部伎」和立部伎考略》，《中原文物》，1983年第4期。
15. 孫機，《中國古輿服論叢》，文物出版社，2001年。
16. 傅江，《唐代的宦官像》，《藝術史研究》第七期，中山大學出版社，2005年12月。
17. 王彬，《唐代婦女常服淺議》，《陝西歷史博物館館刊》第三輯，1996年6月。
18. 申秦雁，《唐墓壁畫起稿方法的考察和研究》，《西部美術考古》，上海大學出版社，2008年12月。
19. 白文花，《胡服與唐代服飾的關係》，《北方美術》，1999年第2期。
20. 范英峰，《李重潤墓石槨線刻宮女圖》，《文博》，1998年第6期。
21. 范英峰，《乾陵線刻畫研究》，《乾陵文化研究》第三輯，三秦出版社，

2007 年 12 月。

22. 彭修銀，《中國繪畫藝術論》，山西教育出版社，2001 年 12 月。
23. 王子雲，《中國古代石刻畫選集》，中國古典藝術出版社，1957 年 7 月。
24. 西安碑林博物館，《西安碑林全集》一零二卷，廣東經濟出版社，1999 年 12 月。
25. 中國畫像石全集編委會，《中國畫像石全集》，山東美術出版社、河南美術出版社，2000 年 6 月。
26. 中國美術全集編輯委員會，《中國美術全集》，繪畫編 13，墓室壁畫，文物出版社。
27. 中國美術全集編輯委員會，《中國美術全集》，繪畫編 2，隋唐五代繪畫，文物出版社。
28. 洪再新，《中國美術史圖像手冊——繪畫卷》，中國美術學院出版社，2005 年 1 月。
29. 張鴻修，《隋唐石刻藝術》，三秦出版社，1998 年 7 月。
30. 王樹村，《石刻線畫之發展及其研究價值》，《美術研究》，2007 年第 3 期。
31. 周到，《中國石刻線畫藝術概論》，《中國畫像石全集》第 8 輯。
32. 黃苗子，《唐壁畫瑣談》，《文物》1978 年。
33. 唐蘭，《試論顧愷之的繪畫》，《文物》，1961 年第 6 期。
34. 劉鳳君，《考古中的雕塑藝術》，山東畫報出版社，2009 年 4 月。
35. 孫機，《中國聖火——中國古文物與東西文化交流中的若干問題》，遼寧教育出版社，1996 年。
36. 羅二虎，《漢代畫像石棺研究》，《考古學報》，2000 年第 1 期。
37. 李國選，《論唐墓壁畫的藝術風格》，《陝西歷史博物館館刊》第六輯，陝西人民教育出版社，1999 年。
38. 韓剛，《北宋翰林圖畫院制度淵源考論》，湖北教育出版社，2007 年 8 月。
39. 王仁波，《唐懿德太子墓壁畫題材分析》，《考古》，1973 年第 6 期。
40. 江梅，《六朝美術中人物審美的演變》，《東南文化》，1993 年第 5 期。
41. 史葦湘，《再論產生敦煌佛教藝術審美的社會因素》，《敦煌歷史與莫高窟藝術研究》，甘肅教育出版社，2003 年。
42. 李翎，《佛教造像量度與儀軌》，宗教文化出版社，1998 年 11 月。
43. 張強，《中國人物畫學》，河南美術出版社，2005 年 2 月。
44. 徐建融，《美術人類學》，黑龍江美術出版社，1994 年。

45. 李零，《中國方術考》，東方出版社，2001 年 8 月。
46. 曹意強，《圖像與語言的轉向——後形式主義、圖像學與符號學》，《藝術史的視野——圖像研究的理論、方法與意義》，中國美術學院出版社，2007 年 8 月。
47. 黄苗子，《吳道子事輯》，《中國畫研究》第二期，人民美術出版社，1981 年。
48. 袁有根，《吳道子研究》，人民美術出版社，2002 年 10 月。
49. 曾毅公，《石刻考工錄》，書目文獻出版社，1987 年。
50. 程章燦，《石刻刻工研究》，上海古籍出版社，2008 年 12 月。
51. 劉淩滄，《唐代人物畫》，中國古典藝術出版社，1958 年。
52. 漠及，《宮樂圖——關於中國傳統繪畫中空間表現的思考》，《東南文化》，2002 年第 10 期。
53. 俞劍華，《中國古代畫論類編》，人民美術出版社，1986 年 12 月。
54. 沙武田，《敦煌畫稿研究》，中央編譯出版社，2007 年 5 月。
55. 沙武田、邰惠麗，《20 世紀敦煌白畫研究概述》，《敦煌研究》，2001 年第 1 期。
56. 石守謙，《風格與世變》，北京大學出版社，2008 年 7 月。
57. 單國強，《古代仕女畫概論》，《古代書畫史論集》，紫禁城出版社，2002 年。
58. 白適銘，《盛世文化表象——盛唐時期「子女畫」之出現及其美術史意義之解讀》，《藝術史研究》第九輯，中山大學出版社，2007 年 12 月。
59. 陳霞，《唐代的屏風——兼論吐魯番出土的屏風畫》，《西域研究》，2002 年第 2 期。
60. Biljana Ciric，《唐代繪仕女畫及審美風氣的演變》，華東師範大學，2004 年度碩士學位論文。
61. Jao Tsong-yi, Peintures Monochromes de Dunhuang, Paris: Ecole Francaise d' Extreme-Orient, 1978。（饒宗頤，《敦煌白畫》，載於《法國遠東學院學刊》，1978 年。）
62. 岡崎敬，《4 アスタアナ古墳の研究——スタンイン探検隊の調査を中心として－》《東西交涉の考古學》，日本東京，平凡社，1973 年。
63. Mary H.Fong, "The Technique of 'chiaroscuro' in Chinese Painting from Han Through tang." Artibus Asiae, vol.XXXVIII, 2.3.1976, PP.91-126.
64. （美）方聞，李維琨譯，《心印——中國書畫風格與結構分析研究》，陝西人民美術出版社，2006 年 1 月。
65. （美）方聞，《敦煌的「凸凹畫」》，《國際漢學會議論文選》，臺北中央研究所，1981 年，73～94 頁。

66. （美）米歇爾（W. J. T. Mitchell），《「語詞與圖像」，藝術史的批評術語》（"Word and Image", Critical Terms for Art History），芝加哥大學出版社，1996 年。
67. （美）安・達勒瓦，李震譯，《藝術史方法與理論》，鳳凰出版傳媒集團、江蘇美術出版社，2009 年 2 月。
68. （美）巫鴻，梅枚、蕭鐵、施傑，《時空中的美術》，生活・讀書・新知三聯書店，2009 年 12 月。
69. （美）巫鴻，文丹譯，黄小峰校，《重屏——中國繪畫中的媒材與再現》，世紀出版集團、上海人民出版社，2009 年 12 月。
70. （美）巫鴻，《禮儀中的美術》，上、下冊，生活・讀書・新知三聯書店，2005 年 7 月。
71. （美）巫鴻，李清泉、鄭岩等譯，《中國古代藝術與建築中的「紀念碑性」》，世紀出版集團、上海人民美術出版社，2009 年 4 月。
72. （美）威廉・詹姆斯，李紅豔譯，《心理學原理》，中國城市出版社，2003 年 2 月。
73. （美）魯道夫・阿恩海姆，縢守堯、朱疆源譯，《藝術與視知覺》，四川人民出版社，2006 年。
74. （英）E・H 貢布里希，林夕、李本正、范景中譯，《藝術與错覺——圖像再現的心理學研究》，浙江攝影出版社，1987 年 9 月。
75. （英）彼得・伯克，楊豫譯，《圖像證史》，北京大學出版社，2008 年。
76. （英）尼吉爾・溫特沃斯，董宏宇、王春辰，《繪畫現象學》，鳳凰出版傳媒集團、江蘇美術出版社，2006 年 8 月。
77. （瑞士）H・沃爾夫林，《藝術風格學》，遼寧人民出版社，1987 年。
78. （意）達芬奇，戴勉譯，《芬奇論繪畫》，人民美術出版社，1979 年。
79. （俄）康定斯基，羅世平、魏大海、辛麗譯，《康定斯基論點線面》，中國人民大學出版社，2008 年 8 月。
80. （德）阿道夫・希爾德勃蘭特，潘耀昌譯，《造型藝術中的形式問題》，中國人民大學出版社，2004 年 6 月。
81. （德）格羅塞，蔡慕暉譯，《藝術的起源》，商務印書館，1984 年。